全民阅读
中华文明史系列

青铜时代
一本书读懂三代文明

姜 越 ◎ 编著

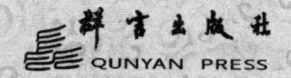

群言出版社
QUNYAN PRESS
北京

图书在版编目(CIP)数据

青铜时代：一本书读懂三代文明 / 姜越编著. --北京：群言出版社，2015.8（2022.8 重印）
ISBN 978-7-80256-856-3

Ⅰ.①青… Ⅱ.①姜… Ⅲ.①文化史–中国–三代时期–通俗读物 Ⅳ.①K221.03-49

中国版本图书馆 CIP 数据核字（2015）第 187000 号

责任编辑：	盛利君　宋盈锡
封面设计：	侯泰设计工作室
出版发行：	群言出版社
社　　址：	北京市东城区东厂胡同北巷 1 号（100006）
网　　址：	www.qypublish.com（官网书城）
电子信箱：	qunyancbs@126.com
联系电话：	010-65267783　65263836
法律顾问：	北京法政安邦律师事务所
经　　销：	全国新华书店
印　　刷：	北京洲际印刷有限责任公司
版　　次：	2015 年 11 月第 1 版
印　　次：	2022 年 8 月第 2 次印刷
开　　本：	640mm × 960mm　1/16
印　　张：	15.5
字　　数：	248 千字
书　　号：	ISBN 978-7-80256-856-3
定　　价：	58.00 元

【版权所有，侵权必究】

如有印装质量问题，请与本社发行部联系调换，电话：010-65263836

前言

夏朝（约公元前21世纪—约前16世纪）是中国史书中记载的第一个世袭制朝代。夏朝历史上惯称为"夏"。禹传位于子启，改变了原始部落的禅让制，开创中国近4000年世袭王位之先河。

商朝又称殷、殷商，是中国历史上的第二个朝代，也是中国第一个有直接的、同时期的文字记载的王朝。夏朝诸侯国商部落首领商汤率诸侯国于鸣条之战灭夏后在亳（今商丘）建立商朝。这之后，商朝国都频繁迁移，至盘庚迁殷（今安阳）后，国都才逐渐稳定下来，商朝在殷建都达273年，所以商朝又称为"殷"或"殷商"。

周朝（约公元前11世纪—前256年）是中国历史上继商朝之后的朝代。"周"也是"华夏"一词的创造者与最初指代，周朝共计约791年。周朝分为"西周"（公元前11世纪中期—前771年）与"东周"（公元前770年—前256年）两个时期。西周由周武王姬发创建，定都镐京（宗周），成王五年营建东都成周洛邑；公元前770年（周平王元年），平王东迁，定都雒邑（成周），此后周朝的这段时期在历史上称为东周。

夏、商、周时代，是华夏民族形成的时代，也是中华民族文化形成独

自特色与哲学体系的时代。

夏、商、周三代是中华文明初步定型的时期，又是中国优秀的传统文化和古老文明形成特色、走向繁荣的时期。从尧舜时代的天下为公到启继父位家天下局面的出现，从夏朝的建立到商、周中华文明的辉煌灿烂，中华民族发生了伟大的历史变革，创造出惊人的文化成就，在生产方式、社会结构、思想文化各个领域，开拓出中华民族独特的历史发展之路。

了解悠远的时代，解读悠久的华夏文明。为弘扬传统文化，普及历史知识，本书通过优美生动的文字、简明通俗的语言、图文并茂的形式，全面展示了先秦、夏、商、周三朝的文明，包括它们的建立、政治、经济、文化等。在本书中，呈现给读者的是不一样的夏、商、周文明。本书既可作为历史普及读物，也可用于茶余饭后的文化消遣用书。

第一章　通灵神骨——甲骨文中的文明印记

甲骨文是中国古代的一种文字，被认为是现代汉字的早期形式，有时候也被认为是汉字的书体之一，是现存中国最古老的一种成熟文字。甲骨文引导炎黄子孙走上使图形记号表示意义而不约束其读音的文字发展历程，造就了延绵数千年的华夏文明。

汉字的雏形——甲骨文 …………………………………… 002

甲骨文中的农业生产 ……………………………………… 005

神奇的巫医文明 …………………………………………… 008

甲骨记载的神学与科学 …………………………………… 009

西周甲骨文考古印记 ……………………………………… 012

扩展阅读　龙骨复苏 ……………………………………… 015

第二章　独树一帜——古代的青铜器文明

从使用石器、木器到制造青铜器，这一过程是人类社会生产发展史上的飞跃，表明人类利用自然的能力大大提高。我国夏、商、西周时期，青铜工艺在世界上独树一帜，青铜铸造是商和西周手工业的主要部门，由此，夏、商、周三代被称为我国的"青铜时代"。

中华青铜与青铜器文明 …………………………………… 018

商代青铜文明 ……………………………………………… 020

西周时期的青铜文明 ……………………………………… 021

优美洒脱的"钟鼎文" …………………………………… 025

美轮美奂的青铜器纹饰 …………………………………… 028

中华青铜器之最——后母戊鼎 …………………………… 035

四虎铜铸与鸟纹三戈 ………………………………………… 037

青铜重器毛公鼎 …………………………………………… 040

三代青铜酒器拾零 ………………………………………… 042

扩展阅读　贵重的重金络壶 ……………………………… 047

第三章　古陶遗风——三代时期的陶器工艺

　　夏至战国时期是中国青铜文化的鼎盛时期。这一时期的陶器已经丧失了前一时期无可替代的重要地位，青铜礼器和生活、生产用器成为社会风尚的主流，陶器虽然在一定程度上还保持着传统的面貌，但器型、纹样模仿青铜器的做法相当流行。烧陶窑炉的发展为青铜炼炉的创制提供了启示；而能用火候较高的温度冶炼青铜，又为改进陶窑炉进一步烧制出耐温较高的白陶器和原始瓷器创造了条件。

陶器的起源 ………………………………………………… 050

夏代的陶器 ………………………………………………… 054

商代的陶器 ………………………………………………… 056

周代的陶器 ………………………………………………… 059

早期的彩陶文化 …………………………………………… 060

商代的白陶 ………………………………………………… 062

扩展阅读　美丽的陶器传说 ……………………………… 064

第四章　蒸蒸日上——百业并举的繁荣时代

　　夏、商、周三代是中华文明初步定型的时期，又是中国优秀的传统文化和古老文明形成特色、走向繁荣的时期。从夏朝的建立到商、周中华文明的辉煌灿烂，中华民族发生了伟大的历史变革，创造出惊人的文化成就，在生产方式、社会结构、思想文化各个领域，开拓出中华民族独特的历史发展之路。

农业器具的青铜使用 …………………………………… 068

夏、商、周时期的养猪业 …………………………………… 071

夏、商、周的渔业文明 …………………………………… 075

雕花木漆器及骨器牙器 …………………………………… 078

初露端倪的建筑文明 …………………………………… 081

精美的玉石器 …………………………………… 084

扩展阅读　丝织品的初步发展 …………………………………… 085

第五章　抱布贸丝——三代的经济文明

商业是在生产力发展到一定水平,有了社会分工和生产物的剩余之后,才逐渐产生的。其初始的萌芽状态是生产者之间直接的物物交换,后来才有发展了的交换形式——商业。夏、商、周时期就已出现了抱布贸丝的商业现象。

古老的物物交换 …………………………………… 088

古代钱币的出现 …………………………………… 089

最早出现的财物摊派 …………………………………… 092

西周的商业文明 …………………………………… 095

三代的经济发展状况 …………………………………… 096

夏、商、西周的赋税制度 …………………………………… 099

夏、商、周三代的国家收入 …………………………………… 102

扩展阅读　姜子牙经商 …………………………………… 106

第六章　服牛乘马——畜力运用促进交通文明

交通的发展在推动社会经济的发展和人类文明的进步方面有着极其重要的意义,它不仅是技术创新能力的具体体现,也是社会不同文明互相交

流的重要纽带。在夏、商、周时期，畜力的运用促进了当时的交通文明。

夏朝时期的驯马文明 ················· 110

牛马运用与商路发展 ················· 112

商代的役象文明 ··················· 115

夏代的道路交通 ··················· 117

商代的道路交通 ··················· 120

西周的交通文明 ··················· 122

西周的车马管理 ··················· 127

西周的道路养护 ··················· 130

扩展阅读　烽火戏诸侯 ··············· 133

第七章　探本溯源——古老的华夏制度文明

我国的制度规范起源于夏、商、周三代，其中一些重要的政治制度不仅鲜明地反应出中国古代政治制度的历史和地域特色，对三代政治文明发展起了重要的保证作用，而且其兴衰为中国古代专制主义中央集权制度的产生和发展提供了必然基础，为以后我国古代中央集权制度产生、发展的必然性，做了合理的铺垫。

帝制文明——世袭制 ················ 138

井田制文明　从鼎盛到衰败 ············· 142

夏、商、周的法律与法规 ·············· 146

西周的宗法制与分封制 ··············· 151

夏、商二代官制文明 ················ 154

扩展阅读　夏启西征 ················ 156

第八章　金声玉振——袅绕千年的乐舞文明

夏、商、周时期是体现我国奴隶制社会体制的典型时期。在这一时期里，代表被剥削阶级的民间音乐被极大地压制，而以剥削阶级为代表的宫廷乐舞，成为这一时期娱乐文化的主体。如青铜乐器、夏代宫廷乐舞《大夏》和商代宫廷乐舞《大濩》就是典型的代表。

三代时期的音乐文明 …………………………… 162

商汤的大舞《大濩》 …………………………… 165

礼乐的政治作用 ………………………………… 167

乐器的分类：八音 ……………………………… 169

三代的音乐教育 ………………………………… 173

古老的巫舞文明 ………………………………… 177

乐舞奴隶与中华文明 …………………………… 182

多彩的周朝舞蹈文明 …………………………… 184

奇伟之戏与周代乐舞 …………………………… 189

扩展阅读　乐钟与乐鼓 ………………………… 191

第九章　淳朴氤氲——三代家具文明巡礼

夏、商、周时期，是中国早期家具的雏形阶段，也是中国传统文化的孕育期。家具的各种类型都已出现，由于当时建筑的低矮，使得室内空间狭小，因而造就了席地而坐的起居方式。在这种背景之下，一些席地而坐的低矮家具开始出现。

低矮建筑与家具文明 …………………………… 196

古人坐、卧家具——席 ………………………… 200

漆器在家具文明中的运用 ……………………… 204

极具权威的礼器家具 …………………………… 206

三代家具装饰文明 ·················· 208

扩展阅读　商代妇好三联甗 ·················· 210

第十章　三代体验——夏、商、周日常生活文明记事

　　夏、商、周三代是我国奴隶制社会时期，其三代人们在生活上有其独特的一面，后世很多生活习俗都延续三代的生活方式，例如：饮食、交际礼仪、城市生活、节庆娱乐等等，下面就一起感受一下夏、商、周时期的日常生活文明吧。

夏、商、周时代的交际文明 ·················· 214

商代人的饮食文明 ·················· 218

商、周时代的建筑文明 ·················· 222

绚烂多姿的服饰文明 ·················· 225

西周时期的城市生活 ·················· 228

扩展阅读　大禹事功 ·················· 231

第一章

通灵神骨
——甲骨文中的文明印记

甲骨文是中国古代的一种文字，被认为是现代汉字的早期形式，有时候也被认为是汉字的书体之一，是现存中国最古老的一种成熟文字。甲骨文引导炎黄子孙走上使图形记号表示意义而不约束其读音的文字发展历程，造就了延绵数千年的华夏文明。

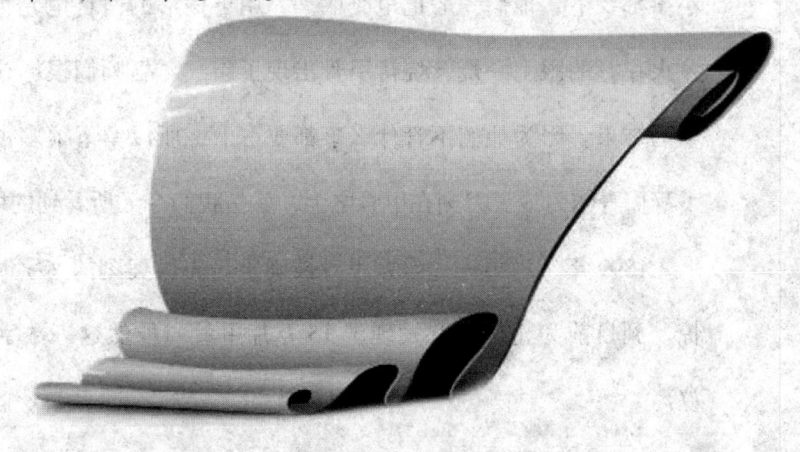

汉字的雏形——甲骨文

甲骨文是商朝（约公元前17世纪—前11世纪）的文化产物，距今已有3600多年的历史。

甲骨文是商代的一种占卜祭祀文字，之所以把这些文字刻在龟甲或兽骨之上，是因为古人认为龟能通神。灵龟为中国古代守护四方的四神之一，即所谓左青龙右白虎，前朱雀后玄武，北方之神玄武就是灵龟的化身。因为古代生产力低下，科学技术不发达，很多事情都不能得到合理解释，于是古人就制造出一套原始宗教系统。有什么事都靠占卜来决定，要通过灵媒来沟通人神，通晓天意。从远古的三皇五帝，到近代帝王，每决定重大之事都得进行占卜，商人更是迷信不已。商人信鬼，天天卜，遇事卜，大事小事都要卜，他们一般把龟壳取来，用枣核形的凿将龟壳打几个眼，然后拿火在打的眼上一烧，烧得甲骨出现了裂纹，巫师们根据这些裂纹解释占卜的结果。因为他们不管什么事都要占卜，所以留下很多占卜记录，这些卜辞用青铜刀或玉刀刻在甲骨之上，就是我们今天所看到的甲骨文。

1899年，当第一片殷墟甲骨被确定是先民契刻的文字时，世界为之震惊。到目前为止，一共发现了15万片甲骨（虽然这一数字学者们还有争议）。

甲骨文作为我国最古老的文字，构造已相当完备。其中最多的是象形文字，用约定俗成的符号表现出实物的特征，还有用符号代表某种意义，少数是象形和音的结合，或以同音来表达另一种意义。甲骨文多用尖锐的刀具刻成，有先书后刻和以刀为笔直接刻写两种形式。从书法角度来看，甲骨文已经具备了后世书法的用笔、章法、结字诸要素。从用笔角度来看，殷商时期刻工运刀如用笔，表现出书法的某些用笔特征。

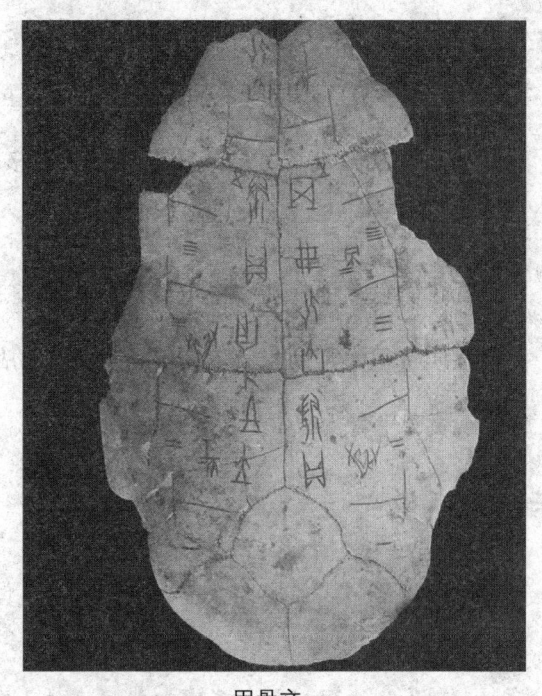

甲骨文

同时，在甲骨文中还有用墨或朱砂刻写成的某些文字，表明这个时期已有类似毛笔的书写工具。这些朱、墨书迹用笔，起止均显锋芒，有轻重粗细变化，两端尖、中间粗，可视为书法最初的用笔形式，也反映了书写工具的柔韧性和表现力。甲骨文在刻画中或长或短，或从左到右，或从右到左，疏密错落、变化丰富，有了最初的章法形式。甲骨文的结字既有对称美，重心稳定、搭配匀当，又有一字多种结构的变化美，以及复杂组合而呈现出的多样统一性，方圆结合、开合有度，表现出原始书法艺术的形式美。因刀不同于笔，刻时不易圆转，直线较多，所以甲骨文的形态以方折为主，表现为瘦劲、峻挺的刻画特征。

由于商王几乎每事必卜，因此甲骨文的内容涉及商代社会的各个领域。

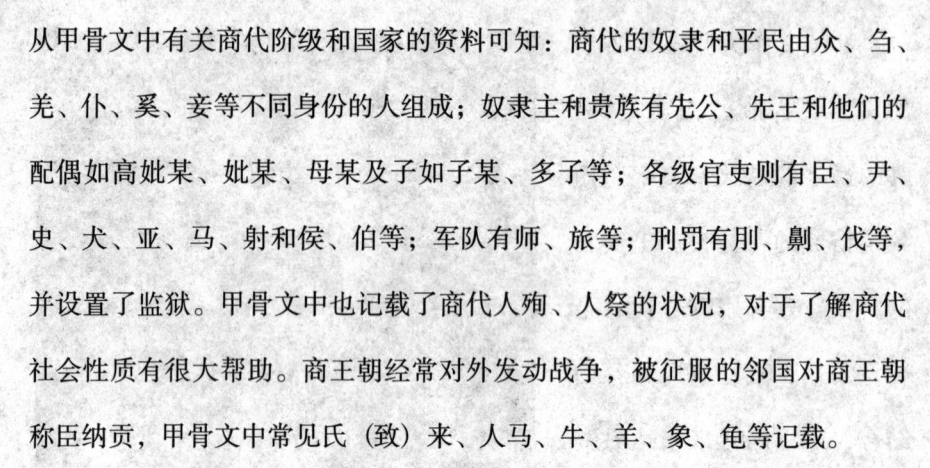

从甲骨文中有关商代阶级和国家的资料可知：商代的奴隶和平民由众、刍、羌、仆、奚、妾等不同身份的人组成；奴隶主和贵族有先公、先王和他们的配偶如高妣某、妣某、母某及子如子某、多子等；各级官吏则有臣、尹、史、犬、亚、马、射和侯、伯等；军队有师、旅等；刑罚有刖、劓、伐等，并设置了监狱。甲骨文中也记载了商代人殉、人祭的状况，对于了解商代社会性质有很大帮助。商王朝经常对外发动战争，被征服的邻国对商王朝称臣纳贡，甲骨文中常见氏（致）来、人马、牛、羊、象、龟等记载。

知识链接

甲骨常识简介

中国古代占卜时用的龟甲和兽骨。其中龟甲又称为卜甲，多用龟的腹甲；兽骨又称为卜骨，多用牛的肩胛骨，也有羊、猪、虎骨及人骨。卜甲和卜骨，合称为甲骨。

使用甲骨进行占卜，要先取材、锯削、刮磨，再用金属工具在甲骨上钻出圆窝，在圆窝旁凿出菱形的凹槽，此过程称为钻、凿。然后用火灼烧甲骨，根据甲骨反面裂出的兆纹判断凶吉。

殷墟出土的甲骨已有15万片左右，对甲骨的研究包括释读、卜法文例分析、分期断代研究和社会历史考证等。研究的一般步骤是整理、缀合、墨拓、分类、分期、著录、释读和综合研究。

甲骨文中的农业生产

农业是商代的主要生产部门,从甲骨文中所反映的农业状况可知,商代的农业生产已经处在一个较为发达的水平上。首先是农作物品种十分丰富,后世所称的"五谷":粟(稷)、黍、麦、稻、豆都已经齐备,有的作物有不同的品种,有黏与不黏的分别。"禾"字在甲骨文中有两种字形,一种是没有聚穗的,一种是有聚穗而且下垂,谷子的穗是聚而下垂的,甲骨文中的禾字是指谷子,去掉皮称为小米。谷子(粟)是北方的主要粮食作物。甲骨文中常见商王有受禾、受年的贞问,卜问禾(谷子)的收成,是商王最为关心的。甲骨文中还有从禾茎叶间数小点或圆圈的字,叶间小点少则两点,多则五点,点、圈的多少没有一定规律,有专家认为这些小点是水点,这种作物从禾聚穗下垂,属于禾类,即谷子别种。禾的别种有一种叫秫的,就是黏稷,即黏谷子。黍和穄,甲骨文中黍字作散穗状,今北方称作黍子或糜子,去皮叫大黄米。黍也分为黏与不黏两个品种。黏的称为黍,不黏的称为穄,又称穄。表现在甲骨文中就是带水的黍字形是黏的,不带水的黍字形是不黏的。甲骨文中麦字有作为地名的辞例,也有作为主食的麦子的用例,甲骨文中有称"食麦"即是吃麦子。豆,《甲骨文合集》第10047、10050片有受黍年和受豆年共见于一版上的贞问。黍和豆

的收成都是商王所关心的大事。秜（稻），据汉代学者许慎撰《说文解字》的解释，稻今年落来年自生谓之秜。甲骨文中有记载让一个叫甫的到某地的农田区去种植秜这种作物，说明它已经是人工培育的稻了，并非野生的。根据学者的研究，从甲骨文中考辨出来的农作物的品种已经很多，反映了商代栽培技术不断改进，商代实际种植的农作物品种一定比甲骨学专家们从甲骨文中辨认出来的要多。甲骨文中对商代的生产工具也有所记载，有起土的工具如锸、耒、犁耕；中耕工具，如除草的工具耨，松土除草工具铲；收割工具，如镰和刀。

据专家研究，甲骨文也反映了商代农业生产的过程。商代农业生产过程从耕地的选择到收获储藏，在甲骨文中都有相关的反映。具体过程如下：①选择耕地。甲骨文中称为"省田"，省田的目的是看土地适合种植何种作物。商代农业生产已经注意高下原湿，甲骨文中即有上田和湿田之分别。上田就是冈上的土地，湿田就是低洼处的土地。②清除田地表面的草木。古时候耕种的第一步是要先除去田地里的草木，甲骨文中有除田面杂草的占问。③垦荒。甲骨文中作"裒田"，时间是五六月份和十二月份。这时可垦殖撂荒地。④翻耕土地。甲骨文中称作"叠田""田"，这是春播前的翻土农活。⑤整理土地。整理土地甲骨文中称为"尊田"，就是把开荒的土地作出垄来，把它变成正式的田亩。⑥施肥。甲骨文称作"粪田"，华北平原农村种地讲究施底肥，在播种前将农家肥于春节前推到田间，翻耕前用铁锹将其散开，耕田时就会将肥翻压在土里。甲骨文记载这一农事在年节前后。商代饲养牛马羊猪已经用圈栏，牲畜之粪便可以肥土，这是商代人已经知道的事实。⑦播种。在甲骨文中播种是以名词农作物品种为动词，即为播种某种农作物。但播种的方式是撒播、点播或是条播。⑧田间管理。田间管理工作见于甲骨文的有中耕除草、灌溉治水、治虫害。⑨收获。收获有摘穗和割秆两种方法。⑩脱粒。有学者认为甲骨文中有描绘古人打麦形象的文字，一手持麦，一手持条击打麦子。⑪储藏。粮食的储藏在甲骨文中称作"廪"。商人的仓廪多建在商都以南，甲骨文中称"南廪"，在其他地方也建有仓廪，商王经常派人前往巡视，以保护仓廪的安全。

甲骨文中所见参加农业劳动的主要是"众"或称为"众人"的一种人。甲骨文所见皆是"众"在商王和有关官员的组织下，进行集体劳动，如耤田、衰田、田、收取黍等劳动，是为商王室耕作。甲骨文也反映了商代在农业管理方面建立了完善的体制。首先商王亲自下令从事农业生产活动，如"大令众人耤田"。商王室专设主管农事的官员，甲骨文中称为"小臣"，主管农业直接劳动力的众人，称作"小众人臣"，即"众人小臣"。主管收割的称为"小刈臣"。甲骨文中还有"尹""多尹"从事农业生产的管理工作，尹就是官长的意思。甲骨文中还记载有商王呼令王官去管理某种农事的情况，商王和臣僚对农事的管理贯穿农事的全过程，从"省田"到收割、储藏、省廪都受商王和臣僚的关注。商王还经常向神灵祈求年丰和找出谁为害于禾稼之事。商王向神灵祈求，反映出他们对农业十分重视的事实。

神奇的巫医文明

远古的人们把疾病产生的原因，直接归结于得罪了超自然力量的缘故。商代这种思想依然存在，所以商代人生病的时候，首先想到的往往是病人一定冒犯了冥冥中的某种力量，要让病人恢复健康，最好的办法就是请巫师为病人赎罪，消除病人的病痛。甲骨文文献中这样的例子不在少数。而且巫师们本就是社会中的精英，他们多数通晓医理，在实施巫术的同时也配合其他治疗手段，从而达到了治病救人的目的。

考古人员曾发现了大批不能食用、但可药用的植物种子，这些就是商代人种植的药物。这些药物分门别类地成批出土，表明药物治病是商代人治病救人的重要手段之一。中国古代文献《素问》中就有商朝开国大臣伊尹使用药物的记载，从一个侧面为我们说明商代使用药物治疗提供了佐证。

商代不仅有药物治疗，还掌握了针刺、灸、按摩等治疗方法。商代人一般用针刺的方法治疗身体上某个部位的肿胀。灸法治疗目前只能从甲骨文记载中来研究，但是很多专家都对商代已经掌握灸法治疗持赞同意见。按摩作为一种古老的医疗手法，在商代就已经出现，甲骨卜辞中就有为商王按摩的记载。商代人对疾病的认识，已经达到了相当高的水平，当时的巫师不仅能识别疾病,还能对它们进行详细的划分。甲骨文文献中记载有内科、外科、脑病、眼病、耳鼻喉病、牙病、泌尿病、小儿病、传染病等不同类型的病症。这些疾病诊断资料在中国医学发展史上意义重大,都是有关疾病的最早记录。因为当时的生产力低下,劳动力的多少直接影响着食物产量的多少,多一个人就能够多一份力,所以商人特别注重生育,而且商人注重"孝道",其中最重要的内容就是要多生孩子。这一切给当时的妇产科发展提供了很好的机会。商代人不仅掌握了预测产期的方法,而且甲骨文中还记载有治愈不育之症的实例。

《素问》书影

甲骨记载的神学与科学

商代的统治者为了巩固自己的统治,大肆宣扬"天命观",使科学和迷信在统治者的作用下不可思议地结合到了一起。

由于农业社会需要仰仗天时之利，中国早在远古时代就已经开始研究历法。而自然界的奥妙无穷，又使得古代先民相信这一切都是和冥冥中的超自然力量联系在一起的，所以对于天文历法的研究是和祭祀祖先、占卜吉凶同样重要的。早在中国的夏代就已经有了著名的夏历，而在商代则已经出现了专门从事天文历法研究的人员，他们把以往的天文历法知识进行整理，形成了一定的系统。

通过对甲骨文材料的分析，学者们对商代历法较为一致的看法是：商代使用的是干支纪日、数字纪月；月有大、小之分，即大月30日，小月29日；另外，商代已经用闰月来调整节气和历法的关系了。天干纪日在夏代就已经出现，就是用甲、乙、丙、丁、戊、己、庚、辛、壬、癸十个天干周而复始地来纪日，从而产生一旬的概念。到了商代，人们进而把天干同子、丑、寅、卯、辰、巳、午、未、申、酉、戌、亥十二地支相配合，组成六十天干地支。用干支纪日，六十日一个循环，正好是两个月。而现在农历中的春分、夏至、秋分、冬至四个节气至少在商朝末期时就已有了这样的划分。

另外，甲骨文中还保存了许多关于日食、月食的记载。商代人认为太阳和月亮的变化和人类生活息息相关，而发生日食、月食则预兆人世间将发生灾祸。所以每当发生日食或月食，人们总是奔走呼喊，击鼓并祭祀祈祷，用来"驱赶"凶险。由于这一原因，商代人也把太阳和月亮看作是和人类关系比较密切的神灵。在出土的甲骨文文献中，记载了很多次日食现象，现今被认定确实存在的日食有5次。商代人在观测日月的同时，还观测天空中的星星，因为在他们看来，星星也和太阳与月亮一样是神，具有主宰天地的能力。在《尚书》中，就记载有商代人认为一些星象出现将预示风雨的来临。在商王看来，既然星星具有神性，它们也可以影响人间的事务，保佑商王的行为。在甲骨文中就有商王为了保佑平安无事祭祀火星的记载。商代对流星雨的描述更加生动和形象，这些记录对于研究中国古代陨石雨的情况都很珍贵。

商代天文学的发展促进了很多相关科学技术的发展，在甲骨文中就有了晴天、下雨、刮风、降雪等天气情况的记载。可见当时人们在长期的天文观察和农业生产中积累了丰富的气象知识。因为华夏民族是一个农业民族，商代人观测日月星辰还有一个目的，就是为农业生产服务。如通过观察太阳的方位来定时辰，用太阳的影子变化来定时刻，观测星象来定历法，把一年分作春秋两季等。这些成果虽然都是在神秘精神的支配下创造出的副产品，但展现了商代人为自己生活服务的规律性认识，这成为人类社会前进的必要推动力。

由于研究历法需要很多数学知识，我们发现商代人已经很用心地在进行数学方面的研究了。从甲骨卜辞中我们发现，商代已经有了奇数、偶数和倍数的概念。商代的人们已经学会用一、二、三、四、五、六、七、八、九、十、百、千、万这13个单字记十万以内的任何数字，但是现在能够证实的当时最大的数字是三万。可以说十进制是中国人民的一项杰出创造，在世界数学史上有重要意义。著名的英国科学史学家李约瑟教授在其巨著《中国古代科学技术史》中曾对中国商代记数法予以很高的评价。他说："总的说来，商代的数字系统比同一时代的古巴比伦和古埃及更为先进更为科学。如果没有这种十进制，就几乎不可能出现我们现在这个统一化的世界了。"

学者们通过研究甲骨文，证实商代人已经会做自然数的加减法和简单乘法。因为甲骨文记录的只是运算结果，而没有运算过程，所以现在我们

还不知道他们的具体算法。不过，我们可以肯定：中国早在商代，数学就已经走在了世界的前列。

西周甲骨文考古印记

甲骨文并非殷商专有，西周也是有甲骨文的。

1954 年，山西洪赵县坊堆村一周代遗址中发现 1 片有字卜骨，8 个字。两年后，经研究首次指出它"应当是西周的"。这是人们认识西周甲骨之始。

1956 年，在陕西长安张家坡出土有字卜骨 3 片合文 5 字（亦有人认为此 3 片所刻不是文字，而是某种表意符号）。

1975 年，在北京昌平白浮村周初燕国墓地出土有字卜甲 4 片 11 字。

1977 年—1979 年，在陕西岐山县凤雏村西周宫殿遗址西厢二号房两窖穴内出土甲骨 1.7 万余片，其中有字甲骨 300 余片，903 字，合文 12 个。在与凤雏村相邻的扶风县齐家村发掘、采集到有字甲骨 6 片、102 字。

进入 20 世纪 90 年代后，又有新的发现。1991 年，在河北邢台南小汪西周遗址发现有字西周卜骨 1 块、11 字。1996 年，在北京琉璃河燕都遗址发现刻字龟甲 3 片 8 字，其中一片刻有"成周"两字。

这样，在 1954 年—1996 年的 40 余年中，在山西、陕西、北京、河北四省市的多处遗址中共发现了有字西周甲骨 300 余片 1000 余字。当然，从数量上看，它实在无法与洋洋十余万片的殷商甲骨相比肩，但西周甲骨的发现毕竟拓展了甲骨学的领域，为先周、西周史的研究提供了新的、切实可靠的材料，因而理所当然地在国内外学术界引起了较大震动、反响。

西周甲骨（主要是周原甲骨）发现以来，学者们在整理、研究方面做了大量工作，并取得相当成绩。周原甲骨发现后不久，即陆续、零星公布于世，供学者研究。

近年来，对周原甲骨的研究，主要集中在如下几个方面：

1. 周原甲骨特点、特征的研究

周原甲骨与殷商甲骨虽从所用材料、文字词语及社会功用方面看属同一体系，有不少共性，但周原甲骨又有不少不同于殷商甲骨的自身特点、特性，这主要表现在甲骨的整治方法、钻凿形态（卜甲绝大部分方凿）、刻辞与卜兆分布关系（如"顺着兆枝的走向，也就是朝着腹甲中线'千里路'横向纵行"，这是商代卜辞没有见过的）。刻辞卜骨一般以骨臼一端为下、字迹纤细（有的仅直径为 1 毫米，小如粟粒，须用放大镜放大数倍才能看清），大部分为与占卜有关的记事刻辞而少见卜辞及卜辞格式上的简化（商代完整卜辞，由前辞、贞辞、占辞、验辞等部分组成，且正、反对贞，周原卜辞则没有这样规范）等等。

2. 归属

有学者认为"周原甲骨不是周族的而是商王室的"，"很可能是在殷商末年商纣王时，掌管占卜的卜人投奔周人时，携带过去的"，当然，"也必须承认周原甲骨中也还有一小部分卜甲，确乎是属于周人的"。亦有学者认为，周族文化人缺乏，直到周初，作册、祭司等职多用殷人，因推测周原甲

骨刻辞的作者亦"出自殷人"。意思当是说，东西还是周人的，只是假殷人之手为之。另有学者认为，凤雏周原甲骨从整体上讲当然是周人的，但也有为数不多（仅8片）的商人甲骨，"这些殷人甲骨在周人发祥地与记有周人重大活动的'档案'同出"，是作为周人的战利品出现的，"作为战利品的殷人甲骨（不少与进攻周族有关）存放周原，一是发泄对殷人的仇恨，二是为了炫耀胜利并使后世子孙永不忘记。因此，有的学者认为这些甲骨为殷末叛臣太师、少师或内史挚携来，或认为是武王伐纣后所劫掠而来，是不无道理的"。

3. 证史、考史

周原有字甲骨虽总量不大，但相对说来其记事成分颇重，人名、地名、方国名、官爵名等尚有一些，故对于古文献相互印证重新研究、认识先周后期及西周前期的历史仍有很大帮助。

过去，学界对先周后期是否已进入文明时期看法很不一致，且多数人持否定态度，现据周原甲骨之文王称王、四处征伐、官爵称号、占卜文字等项可知，文王时代的周人确已进入国家时期，文王也早已不再是亲自耕作、放牧牛羊的氏族大酋长了。

从周原甲骨看，当时周人曾征伐过蜀、巢、密、铁等方国部落，同楚、鬼、虫（崇）等亦有交往、联系。说明文王时已征服了西北、西南的一些方国部落，并同一些方国部落有着联系，从而为日后武王率"八国（族）联军"克商打下良好基础。

扩展阅读　龙骨复苏

关于甲骨文的发现，还有一段传奇的故事。这些龟甲、兽骨在地下沉睡了数千年，直到清代光绪二十五年（1899年）才被发现。当时由于今天河南省安阳城西北五里处的小屯村洹水决堤，冲出许多甲骨，人们以为是龙骨，便用来当药材治病。这些"龙骨"被药材商收购之后，辗转卖到各地。

这年夏天，当时官居国子监祭酒的著名学者王懿荣得了疟疾。他懂得医术，自己开了个方子，命人从菜市口一个药店抓了一副中药。手下人买回去之后，他一检查，发现药中所抓的龙骨，上面有刻画的痕迹，便仔细地瞧了瞧。这一瞧不要紧，他发现这些刻画，似乎是某种文字，其字类似于金文，应该历史相当久远。王懿荣凭着自己广博的文史知识，断定这一定是古代文化的真品。他非常高兴，马上命人去那家药店把龙骨全都给买过来。在不到一年的时间，他共收集各类骨片1500多片，对其进行了初步的研究，进一步确认这些龟甲兽骨上的文字就是殷人"刀笔"文字，当时人们称它们为"契文""刻辞"或"书契"等等。王懿荣的发现将中国有文字可考的历史提前了1000多年。史学家终于找到了研究殷商史的文献典册。然而，遗憾的是，被誉为发现甲骨第一人的王懿荣与甲骨文的缘分却只有不到一年的时

间，就在王懿荣发现甲骨的第二年，即 1900 年，八国联军进攻北京，腐败的清政府任命身为文职官员的王懿荣为京师团练大臣，率兵防守京城，终因寡不敌众，王懿荣惨败而归。在家里，他毅然写下"主忧臣辱，主辱臣死"的绝命词，携夫人及儿媳投井自尽，以身殉国。学者王懿荣对甲骨上文字的偶然发现，为中国研究殷墟甲骨文字之始。自此以后，殷墟甲骨才从"药材"变为研究的文物。

王懿荣有一个非常要好的朋友，就是因写《老残游记》而闻名的清代文学家刘鹗。王懿荣虽然为国壮烈牺牲，但他为官清廉，家中没有余钱，他死后，家人想把他的遗体运回老家山东福山（今山东烟台市境内），都没有能力。这时候有人建议王懿荣的儿子把他父亲收藏的甲骨卖掉，刘鹗听说这一消息，生怕这些甲骨再次遗失，于是就把王懿荣收藏的甲骨全买了下来。刘鹗一来把王懿荣的甲骨继承下来，二来又自己搜集。当时刘鹗跟罗振玉关系很好，罗振玉在刘鹗家中看到这些甲骨，觉得这些甲骨意义重大，就敦促刘鹗把它编成书出版，此书就是著名的《铁云藏龟》，这是甲骨学史上第一部著录书。因为过去王懿荣搜集甲骨秘不示人，只是作为古董放在家里欣赏，学术界知道的人很少，更无法进行研究，而刘鹗的贡献正在于他使得甲骨文的广泛研究成为可能，对后世甲骨研究产生了深远影响。从此以后，甲骨文流向学术界，由学者的书斋走向了社会，由古董变成了史料。

第二章

独树一帜
——古代的青铜器文明

从使用石器、木器到制造青铜器,这一过程是人类社会生产发展史上的飞跃,表明人类利用自然的能力大大提高。我国夏、商、西周时期,青铜工艺在世界上独树一帜,青铜铸造是商和西周手工业的主要部门,由此,夏、商、周三代被称为我国的"青铜时代"。

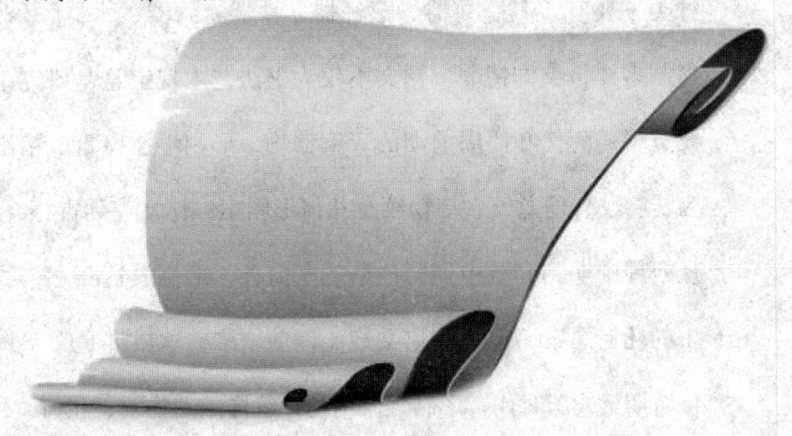

中华青铜与青铜器文明

青铜是一种铜合金。铜合金是以铜为基础,加入其他金属或非金属元素所组成的金属材料。传统上将铜合金分为黄铜、白铜、青铜三大类。黄铜是铜与锌的合金,白铜是铜与镍的合金。除黄铜、白铜以外的所有铜合金都称为青铜。青铜呈青色,故名。

什么叫中国青铜器?中国青铜器最早产生于什么时候?这一问题无论对青铜器的藏家还是有志于学会鉴定技术的人来说,都是一个必须首先弄清楚的问题。中国青铜器,顾名思义即中国的青铜器物。中国考古学上作了更为准确的定义:中国青铜器特指商代和两周时期的青铜器物,这些器物以铜质为主,加入少量锡和铅浇铸而成,因器物颜色呈青灰而得名。其种类主要有工具、兵器、烹饪器、食器、酒器、水器、乐器、车马器等,形制多样,纹饰精美,铭文不仅为书法艺术瑰宝且是研究中国古代史的重要资料。商代和西周前期的青铜器物,形制端庄厚重、精细华丽,纹饰多为饕餮纹、夔龙纹、动物纹及几何形图案;铭文苍劲古朴,一般字数较少。从西周中期到春秋中期,风格趋于简朴,形制放达随意,纹饰也多为粗线条的几何图案,但长篇铭文却比以前增多,这或许是文字发达的缘故。春秋后期至战国时代,形制轻薄精巧,纹饰除动物纹、几何纹外,还有用细线雕刻狩猎、战争、宴会的图案。

青铜器的发明是一个划时代的创造，它是奴隶制社会生产力发展水平的重要特征，我国商、西周、春秋三个历史时期就属于青铜时代。而中国青铜器最早出现在什么时候呢？这一问题目前尚难定论。一般认

夏朝网格纹鼎

为，早在传说中的炎黄时代就已经出现了青铜器物。有一则传说故事叫"蚩尤作兵"，蚩尤统率本部人马进攻黄帝部族，双方"战于涿鹿之野"，交战之初，蚩尤军节节胜利，因为他们拥有戈、殳、戟、酋矛、夷矛五种兵器，估计这些兵器就是用铜制成的。后来，黄帝制作了指南车用于战争，才扭转了战局并制服了蚩尤。《子华子》还记载：为庆贺胜利，黄帝还派人去首山采铜矿，然后将铜矿石运到荆山脚下铸鼎，作为战争胜利的纪念。

这些传说故事似乎说明：早在炎黄时代，我国就已经出现了青铜器。但无论"蚩尤作兵"还是"黄帝铸鼎"都毕竟是传说，不足为据。若以我国出土的最古老的青铜器——马家窑青铜刀而论，中国青铜器制品最早出现的时间决不会晚于距今 4000 年以前，即夏朝建立之前就已经出现了铸铜。马家窑文化遗址位于甘肃东乡，出土的青铜刀是采用单范铸造的，这一考古发现是我国现在公认的最古老的青铜制品。而这一文化遗

第二章 独树一帜——三代的青铜器文明

019

址据考证系 4000 年前的遗迹。这一考古发现足以说明：中国青铜器最早产生的时间当在距今 4000 多年以前。

商代青铜文明

商代早期相当于商二里岗文化期，为公元前 1620 年，正合于商汤立国的时期。但是二里岗文化的下限还不大清楚。二里岗遗存分上下两层，上下层青铜器的差别不是属于风格方面，而是上层比下层的器类有更多的发展。商代早期青铜器在郑州出土很多，这是由于郑州商城是商代早期的都邑之故。重要的有二里岗、白家庄、张寨南街、杨庄、南关外、铭功路、二士路等地。以上遗址和墓葬中发现的商代早期青铜器，以二里岗上层的居多。

综合各地出土的器物，计有：鼎、大鼎、大方鼎、鬲、甗、簋、爵、管流爵、斝、觚、罍、瓿、提梁壶、瓠形提梁壶、中柱盘、盘等，包括了食器、酒器和木器等门类。较早的器类比较简单，但是爵、觚等组合而成的成套酒器，已普遍出现。二里岗上层青铜器的器形更为发展，商代青铜礼器的体制业已形成。属于二里岗下层的青铜器，器壁普遍很薄。二里岗上层的青铜器，有的器壁已相当厚重。

商代早期青铜器具有独特的造型。鼎、鬲等食器三足，必有一足与一耳成垂直线。在视觉上有不平衡感。鼎、斝等柱状足或锥状足和器腹相通，这是由于当时还没有掌握对范芯的浇铸全封闭技巧。方鼎巨大，容器部分作正方深斗形，与殷墟时期长方槽形的方鼎完全不同。爵的形状承继二里头文化式样，一律为扁体平底、流甚狭而长。

商代早期青铜器纹饰主体已是兽面纹，以粗犷的勾曲回旋的线条构成，全是变形纹样，除兽目圆大，以为象征外，其余条纹并不具体表现物象的各个部位。纹饰多平雕，个别主纹出现了浮雕，二里岗上层尊罍等器肩上已有高浮雕的物首装饰。所有的兽面纹或其他动物纹都不以雷纹为主，是这一时期的特色。商代早期的几何纹极其简单，有一些粗率的雷纹，也有单列或多列的连珠纹，乳钉纹也已经出现。

商代早期的青铜器，极少有铭文，以前认为个别罍上的龟形是文字，实际上仍是纹饰而不是文字。

西周时期的青铜文明

从出土的青铜器来看，西周前期的青铜器大体继承了商代后期的风格特征，两个时期紧紧衔接，虽然是继承的一个客观因素，但更主要的是周灭商后，对从商和附属于商的方国俘虏来的手工业奴隶非常重视，比如《尚书·酒诰》说："乃湎于酒，勿庸杀之，姑惟教之。"这表明了周人主要

利用商手工业奴隶来为自己生产，自然在青铜手工业上也不会例外，这样就改变了周人原来青铜手工业基础薄弱的状态，促使青铜制造业蓬勃发展。

当时的青铜手工业仍由奴隶主贵族垄断，作坊内设有工官，管理和监督奴隶工匠劳动。

西周前期的青铜器，虽然继承了商代特点，变化不大，但在某些方面也出现了新的时代特色。

从总的特点看，与商后期一样，器物仍有着厚重庄严的作风。在铜器数量上远远超过了商代。器物的种类，食器主要有鼎、毁、甗，鬲与豆少见，尤其是后者更稀少。酒器有爵、角、斝、觚、觯、尊、鸟兽尊、卣、壶、方彝、兕觥、勺等，爵、觚、方彝、兕觥等数量较商代大为减少，这可能与周初禁酒有关。水器主要有盘。杂器有柉禁。钟代替了铙，在陕西宝鸡茹家庄和长安张家坡出土有三个一组的编钟，均为甬钟，钲间无铭。兵器有周族特有的武器勾戟，非常盛行，剑开始萌芽。车马器新出现了辖、銮铃、伏兔等。工具有铲。

在组合上，商代的爵、觚的组合，逐渐被爵、觯和鼎、毁的组合所代替。这一时期出现了三个以上大小相次的列鼎组合形式，鼎制的改变，意味着礼制的加强。

在形制上，三足器鼎、甗口沿有二直耳，柱足与兽形足并存；腹稍变浅，最典型的莫过于成王时代的师旅鼎了。康碻时代鼎的另一个重要特点，是腹下垂，最大腹径在下部，如康王时代的大盂鼎。鼎的这种特点，在同时期的毁、卣、尊等器物的腹上也有表现。有的圆形鼎，例如宝鸡茹家庄出土的，在圈底下面置盘，作为加热燃炭用。出现了口呈三角形的鼎，也有带有腹耳的方鼎。

在花纹上，仍以兽面纹和夔龙纹为主要题材，以去雷纹作底纹。但兽面纹多富于变化，并逐渐图案化，一般仅保留颜面部分。夔龙纹多作张口、短身、躯体鬈曲形式，形成了这一时期富有特征的一种重要纹饰。鸟纹仍较盛行，变成长尾高冠的所谓凤鸟纹和分尾的长鸟纹。新出现的纹饰主要有怪鸟纹（又可称变形夔纹和变形象纹）。双身龙纹增多，在洛阳出土的一件铜觯的颈上还出现了兔纹。

在铭文上，在商代后期的基础上，有了很大的发展，商后期多短铭，最长的铭文也不过四五十字，而西周前期许多铭文都发展到上百字，例如：武王时期的大丰毁76字、成王时期的何尊122字、康王时期的大盂鼎291字、小盂鼎近400字。铭文内容主要有祭祀、征伐、赏赐、策命等。铭文书体沿袭商后期的中间用肥笔，首尾出锋，典雅秀美的波磔体。

综上所述，西周前期铜器特征基本与商后期相同，但在某些方面也出现了新的时代特征。这一时期铜器的主要特点是，器制厚重，造型与花纹庄严典重，铭文严谨工整。

西周后期的青铜文明，即周共王至西周末幽王。绝对年代约为公元前10世纪中叶至前8世纪。

青铜器种类上，酒器爵、角、斝、觚、觯、方彝很少见到了，但需注意，也有个别的遗留，例如传世品中有春秋时代的徐王义楚耑（耑即觯），形状变长，似觚。湖北随县出土的西周后期至春秋初的方彝。酒器中保留有壶、罍、盉、瓿、尊、鸟兽尊等。食器中新出现盛食器的簠与盨。豆仍很少见。水器中出现了注水用的匜，考古发现中匜常与盘共出，为一套盥漱器。甬钟从最早的穆王时期的三件为一肆发展到后期大小八件为一肆的，例如

扶风齐家村出土的柞钟。

在组合上，列鼎而食的列鼎制度很盛行，所谓列鼎就是在一列鼎内，每件鼎的器形、花纹相同，只是大小有别，按大小有序排列。据礼书记载，天子用九鼎，诸侯七鼎，卿大夫五鼎，士三鼎，有着严格的等级规定。簋多成2、4、6的双数，鬲、壶等也多成对出现。

在器形上，三足器鼎、甗多作蹄形足，最典型的可称厉宣时代的毛公鼎。柱形足逐渐绝迹。鼎腹基本上有两种形式：一种为浅腹，圆形；另一种如"卫鼎"，则呈扁圆形。体、敛口有兽首衔环耳和敛口带盖、鼓腹、圈足下附三足的簋是这一时期最流行的簋的形式。鬲多作束颈折沿弧裆，与足对应的腹壁上各有一道扉棱。带有火灶的一种特殊形制的方形鬲出现了，如故宫陈列的刖俑人铜方鬲，壶肩上多有套环耳。鸟兽尊也很发达，如陕西岐山出土的子母牛尊兰和郿县出土的驹尊，形象逼真，具有写实的特色。盘多有腹耳，还有带流的盘。戈的内与胡加长，援相对变短，前锋多呈等腰三角形。

花纹上，具有神秘威严感的传统饕餮纹、夔纹逐渐被淘汰，饕餮纹常作为器足上端的装饰，不再作为主题纹饰，无腹足的身尾卷曲的变形夔纹盛行。凤鸟纹和分尾长鸟纹仍继续流行。这一时期出现了具有新的艺术风格的多种纹饰，主要有窃曲纹、瓦纹、环带纹、重环纹、鳞纹，一般都没有云雷纹衬底，纹饰简单朴素，给人一种粗犷潦草之感。因西周后期的青铜器铭文多注重记事，故铜器常常不注意外表的装饰，所以素面和仅饰几道弦纹的铜器占有很大的比例。

在铭文上，上百字的长铭较多，书史性质很强，划分田界，交换田地的起到法律契约作用的铭文是具有时代特点的重要内容之一，如：格伯簋、卫鼎、卫盉、矢人盘的铭文均属这一范畴，它的重要价值远远超过文献史料，是研究西周土地制度变化的绝好资料。

综上所述，西周后期青铜器器形与花纹制作简单朴素，长铭多，铭文书体趋于娴熟，优美奔放，进入到成熟阶段。

优美洒脱的"钟鼎文"

青铜器上铸或刻的字，现在一般称"青铜器铭文"，也习称为"金文"或"钟鼎文"。商代后期的青铜器已常见有铸铭，这显然与殷商前期判然有别。这时铜器铭文较多的出现，其意义是不可轻估的，因为我们今天要研究和了解商代历史如果单纯从《史记·殷本纪》《尚书·盘庚》等很少的文献材料入手，那是太微不足道了。众所周知，20世纪以来，安阳殷墟甲骨文的发现对商史研究具有划时代的意义。商代铜器铭文从总体上说，就其数量多寡与内容丰富情况看，虽然比不上甲骨文，但它对揭示商代历史也是难得的重要资料，可以与文献和甲骨文相互补充和印证。例如：1976年，殷墟5号墓出土的铜器上面许多都有"妇好"名，在甲骨文中也有"妇好"名，经相互对照勘比，表明5号墓妇好，即是商王武丁的配偶。王国维先生很早以前就提出研究古史的"二重证据法"，即用地下发现的材料来印证和补充文献资料的不足，以及纠正文献上记载的失误，由于古文献年代久远，

屡经传抄刊刻，不可避免要有错误，而地下发现的材料一般则没有这方面问题，因而可以起到校正古书的作用。铜器铭文也是研究汉字发展演变和书法艺术的重要资料。

铜器种类丰富而复杂，商代铭文在器物上的部位，由于器种的不同而不尽相同，例如，鼎、簋铭文位置常常在器内底或内壁，有的簋盖内也有，与器内底为对铭，鬲铭在口沿内壁，甗铭在甑的内壁，豆铭在器内底，爵、斝、封口盉铭常在鋬内，觚铭在圈足内，觯铭在器内底或盖内，尊、罍铭在圈足内、盖内、器口内或腹内壁，瓿铭在器内底，卣铭在内底、盖内或圈足内，方彝铭常在器内底，兕觥铭在盖内，铙铭在口缘内，戈铭在内上，矛铭在骹上等等。

殷商后期铜器铭文字数一般是一个字，二三字，十几字，几十字不等。一个字的多为族氏名，即族徽，长的如二祀其卣铭 39 字，四祀其卣铭 42 字，六祀邲其卣铭 27 字，河南安阳圆形葬坑出土的戍嗣子鼎铭 30 字，今藏美国旧金山亚洲艺术博物馆的商代长铭器小臣艅犀尊铭 27 字，今藏日本神户白鹤美术馆的小子卣盖、器铭共计 47 字，今藏美国纽约大都会博物馆的簋铭 36 字。

殷商铜器铭文是研究汉字发展演变的重要资料，实践证明：商代金文与甲骨文一样已经是一种非常进步的文字了，如果按照东汉时代古文字学家许慎在其所著《说文解字》一书内谈到的汉字的六种构造方法，即"六书"来解释金文的构字方法是完全适用的。需要指明，金文与甲骨文中形声字的出现是造字方法的极大的进步，它冲破和超越了象形与会意字的局限性，使汉字的创造更加方便、丰富。

殷商铜器铭文虽然与西周铜器铭文无论在数量和重要性上都不能相比

拟，但不容忽视的是它对金文的继续发展起了开拓和奠基的作用。

殷商金文内容最常见的是单一的族徽字，这种单一的徽识应是代表了器物主人家族的标志，其渊源可以追溯到原始社会的图腾制度。铜器上开始有家族或个人徽记，早在二里岗时期已初见端倪，如传世的"亘"铭铜鬲。殷商后期仅一族氏名的如"友""举""戈""鹿""宁""车""甲""鱼"等。复杂一点的还有所谓复合族徽，复合族徽就是在一件器铭上有两个乃至三个族氏名号，表示氏族之间的从属关系，体现出了宗氏和分族、分支等的关系，如："戈酉""戊""受共覃"等等。铭中的酉氏族从属于戈氏族（宗氏）；簸氏族从属于戊氏族；受、共、覃则为三级族名，共氏族从属于受氏族，覃氏族从属于共氏族，自然也属于受氏族了。

"国之大事，在祀与戎"，殷商金文许多都反映了祭祀与战争。商铭文常常表现祭祀祖先的内容，这是贵族孝道思想意识的具体反映，有祭祀内容的铜器应是宗庙中的祭祀器。有的祭器上仅有简略的铭文，反映祭祀祖、父、母、兄，一般只标明被祭祀对象与祭祀人的辈份关系和被祭祀对象的人名，如："祖戊"（鼎）"父辛"（鬲）"母戊"（觯）"司母戊"（鼎）"司母辛"（鼎）等等。复杂一些的再标出祭祀者的家族族徽，如："戈""举""冉""亚""天鼋"等等。

综上所论，殷商金文是一种很进步的文字，字体典雅古朴，内容也涉及诸多方面，许多内容都可与文献和甲骨文相互比照印证，对商史的研究与甲骨文一样，是直接的第一手资料，有着重要价值，其内容对家族史、祭祀制度、社会生活和意识形态的研究更显重要。

美轮美奂的青铜器纹饰

青铜器纹饰主要有以下几种：

1. 动物纹

动物纹是最常见的装饰纹样。其中有些动物是实际存在的，有些动物是神话故事中虚构的。动物纹有饕餮纹（或称兽面纹）、龙纹、蛇纹、鸟纹等。

（1）饕餮纹

在青铜器的各种纹饰中，最有特色的是饕餮纹，也就是今人习惯称呼的兽面纹。这是一些由夸张与幻想相结合的动物正面的形象，其特征多为巨睛咧口，口中有獠牙，额上有立耳或大犄角。在古代的文字记录中，饕餮是被尧流放的四凶之一，它贪食、强横。而流放的目的在于以凶御凶，让这四凶去抵御螭魅之灾。历代相传，人们把饕餮幻想为睁着眼、张着嘴的凶物，从此，它就以此种面貌出现。铜器上，特别是铜器中的礼器多饰饕餮纹，想来一是为祭祀鬼神，二来也有求佑与去邪的愿望。

饕餮纹在我国早期青铜器纹饰中占有非常重要的地位，是一种很常见的纹饰。而且，举凡作为礼仪之用的铜器，几乎都采用饕餮纹。有些国外研究专家甚至把我国早期铜器时代定名为饕餮时代，认为我国早期铜器的时代是"饕餮纹为象征，以鬼神为先，以人文为后的神圣王国时代"。可见饕餮纹在当时的意义之重大，它绝不是随意的点缀，而是有关政教的标志，甚至有着图腾的意味。

饕餮纹取材于虫、鱼、鸟、兽等各种现实动物，选择它们特殊性能的部分拼凑在一起，使其浑然一体，塑成一个抵御山川妖怪的鬼神形象。比如一个混合体的饕餮纹，可以有虎的头、象的耳、牛的目、鸟的爪羽、鱼的鳍、蛇的身。因为商周人不善幻想，这些拼凑都是写实的，但写实中又都经过了变化，有强调、夸张、简化，体现出人们精心的构思。

在这些拼凑中，饕餮纹是以颜面为主纹的，简单的也仅有颜面，左右相对称之足、身、尾为副纹，雷纹为地纹。完备的主纹是由冠、鼻、目、眉、角、耳、口等组成；不完备的，则或缺一二，但目纹却是必备的，无论怎样简化、变形、分解，都绝少不了那一对瞪视的眼睛。其中，冠饰代表尊贵，角代表武力，目代表光芒和警惕，耳代表聆听，鼻代表辨别，牙代表攫取和凶恶，眉代表威武，足代表操纵，羽毛代表高飞，鳍代表下潜，身躯代表活跃。另外，它的纹饰是以菱形额纹为中心，十字形为主干，身躯或为直线，或为曲线，配置对称，神态庄严。

饕餮纹这个题材都是简单的，但在人们匠心独运的构思中却变化多端，本是单纯的写实型，却演变为原始饕餮、粗壮饕餮、简略饕餮、变形饕餮、龙化饕餮、分解饕餮等等，且各具有不同的风格。

总之，饕餮纹的材料虽多，安排却妥贴适当，毫不勉强，内容涵义复杂，代表一种超越神的境界，结构庞大，轮廓协调，风格生动，达到了图案的最高准则，因此，它在中国装饰艺术上也具有莫大的启示与成就。

(2) 龙纹

龙是中国封建帝王的象征，被中国各朝奉为圣物。它是一种想象的神物，在先民们的构想中是由虫、鱼、鸟、兽，甚至人的局部状态来组合成

的。它具有跨越时空的、独特的精神气质，充满了神秘、深沉、尊严和荣耀感。

我国古代青铜器上的龙纹装饰丰富多彩，无论是平雕的，还是浮雕、半浮雕的龙，常因器物时代的不同，器物种类的不同，而形成迥然相异的风格与特征。

商末周初的一些蟠龙盘上的蟠龙纹，是以蟠蛇作身，加上一个龙首的饕餮纹，在有限的圆盘内重复旋转，这是龙的原始静态式。故宫博物院收藏的一件圆形盘，内壁除饰有龙纹外，还饰有鱼纹和鸟纹。更显华美富丽。商代青铜器上的龙纹，多饰在盘、尊、觥和个别武器上。纹饰布局主要有两种形式，一是以一条蟠龙为主，布满整个器物；二是龙与其他某种纹饰间隔排列，形成反复交替的式样。

西周时期青铜器上的龙饰不但有平雕的，而且出现了半浮雕的和浮雕的。龙纹的形式与结构也有了很大变化，这时的青铜器上常有一首二身的龙纹，龙首在颈的中心部位，作为半凸起状，龙身向两侧或直线、或波形的伸出，奇诞神秘。

（3）凤鸟纹

青铜器上的图案和浮雕、半浮雕的装饰中，凤鸟纹为主题的占有很大比例。这种写实风格的纹饰，表现了大自然的勃勃生机。

青铜器上凤鸟纹的出现与图腾崇拜有关。商代青铜器上鸟纹装饰很多，这表明商人信仰鸟图腾。传说商祖先叫契，其母简狄，因吞食一只燕卵而生了契，这就是《诗经·商颂》中"天命玄鸟，降而生商"的故事。西周铜器上也有鸟纹装饰，而周人也与鸟有着千丝万缕的关系。传说周族的祖先后稷，名弃，其母姜嫄因到野外踩到一只大脚印上而产生感应，生下了弃，人们认为不祥，就将他扔到小路上，准备让牛、马踩死他，但牛、马却纷纷绕道而行；想扔到林里，但行人渐多，不便行事；最后扔到冰上，却飞来一群鸟用羽翼暖护他。于是姜嫄又将他抱回抚养。弃长大后做了农官，教民耕种。因此西周时的鸟纹可能与人们感念神鸟有关。

西周 鸟纹青铜器

商周鸟纹图案多彩多姿。商代鸟纹以对称的直立或倒立的小型鸟纹为主，素朴简洁，灵秀典雅，一般为主题花纹的陪衬。商末至西周时代，工匠们刻意求变，鸟纹常被作为器物上的主题花纹，装饰在器物的主要部位上。有新创造的大鸟纹，高冠长尾，异常丰满华丽，这种形象的鸟纹图案人们称为"凤鸟纹"。还有一种鸟身短而尾羽长，可称长尾鸟纹，姿态迤逦，令人如醉如痴。

（4）蛇纹

蛇纹是青铜器中较为常见的主题纹饰之一。可分两类，一类为独体蛇纹，双眼突出，蛇身粗犷，身上有鳞，尾部上卷，头尾相接组成带状，见于商代晚期至西周初。另一类是由两条或两条以上小蛇相互蟠绕，构成一个纹饰单元，布满全器表，通常称为"蟠虺纹"，流行于春秋中晚期至战国早期。

除此之外，还有象纹、虎纹、犀纹、鹿纹、龟纹、鱼纹、蝉纹等动物纹饰。

2. 人物画像纹

在青铜器上较为少见。商代和西周时期的纹饰有时是以人面的形象出现，但更多是以简洁的人形绘制于器物上，而且往往是与动物共同出现，作为动物吞噬的对象，显得神秘恐怖。到了春秋战国时期，人物故事画和动作画在青铜器上常常出现，有宴饮、战争、乐舞、射箭、采桑、狩猎等图案，风格清新，生动活泼。

3. 几何形纹

几何形纹是由几何形的图案组成的有规律的纹饰，纯属形式上的变化和结构上的美感。这种纹饰在原始社会的彩陶上就已出现。青铜器上的几何纹饰形式较多，大致有云雷纹、弦纹、乳丁纹、勾连雷纹、涡纹、四瓣花纹、绳纹、圈带纹、重环纹等。

（1）云雷纹

青铜器上一种最常见的典型纹饰。基本特征是以连续回旋形线条构成的几何图形。有的作圆形连续构图，也单称为云纹；有的作方折连续构图，也单称为雷纹。云雷纹变化形式很多，例如有的呈"S"形，有的呈"T"形，有的呈三角形等。云雷纹常装饰在空白处，作为底纹，用以烘托主题纹饰。也有单独出现在器物颈部或足部的。有的在云雷纹中间有目形，一般常称为目雷纹。

（2）弦纹

青铜器上最简单的纹饰之一。纹形为凸起的横线，1—3道不等。有时单独出现，有时作为其他复杂花纹的衬托。另有作人字形的弦纹，称为人字纹或人字弦纹，多饰在分裆鬲上。

(3) 乳丁纹

纹形为凸起的乳突，排成单行或方阵。另有一种，乳丁各置于斜方格中，以雷纹填底，称为斜方格乳丁纹。钟上一种螺旋形的枚也与乳丁相似。乳丁纹有的作为器物的主要纹饰，布满器物全身，如常见的乳丁纹簋。也有的作为器物的一种辅助纹饰。

(4) 勾连雷纹

此纹饰是青铜器花纹中较简略的一种图案，流行于商、西周时代，但战国时期再度流行。此图案由近似"T"形互相勾连的线条组成，里面填以方折的云雷纹。

(5) 涡纹

涡纹是一种近似水涡的几何图案。图案中间的小圆圈似水隆起状，图形旁边的五条半圆形曲线，似水涡激起状。对涡纹的叫法，目前又有些新发明，有人根据《周礼》"火以圜"的说法，认为从图形看，应称火纹。也有的人从文字学的角度进行考察，认为涡纹应称为"囧"纹。

(6) 四瓣花纹

四瓣花纹的基本构图是，中心为方形的"丁"形，周边伸出四个花瓣。铜镜上常在方形纽座四角各出一花瓣，有的还在其上连一花瓣。有的铜镜在圆形纽座上均匀伸出五个花瓣，似一朵梅花，自然优美。北京故宫博物院藏有一件蟠螭纹镂空饰件，中心由四瓣花瓣组成花朵，极富情趣。以往常将四瓣花纹归在圆涡纹一类内，因为两者只是在表现形式上有别。四瓣花纹主要流行于战国时期。最新资料证明商代已有四瓣花纹出现。

(7) 绳纹

绳纹又称绚纹。由两条、四条或更多的波线纹交错纽结成绳索纹。绳纹常作为器物外表多层图案的界带，也有的作为圈足和盖沿等部位的装饰。有的器物提梁，如铜卣的梁做成绳索状，也有的器物双耳做成绳索状。绳纹主要流行于战国时期。

(8) 圈带纹

圈带纹又称为圆圈纹。纹样为排列成带的圆圈，圆圈中有的有一小点，有的没有点。多饰在器物的肩上或器盖的边缘等部位，或作为兽面纹等花纹的边饰。

(9) 重环纹

重环纹又称方形纹。其基本特征是一长方形的环，一端为半圆形，一端为内凹出角，整体略呈椭圆形，环有一重、两重、三重三种形式。重环纹作为铜器上的装饰图案，是由多个重环组成环带，除单独以一重环纹带装饰在器物上外，也常配饰在其他种纹饰内。

(10) 环带纹

环带纹的形状像一条抖起的带子，呈波浪起伏状，因而又称波浪纹。在环带的上下凹里，常填以眉形及口形纹样。在铜器上表现的形式是依照一定的距离连续组成环带纹组。环带纹常饰在鼎、壶等器物的明显部位上。

中华青铜器之最——后母戊鼎

鼎，中国古代炊食器之一，其起源可以一直追溯到原始社会新石器时代，我们已经发现了 7000 多年前的陶制鼎。不过，"鼎"真正的发展最高峰则出现在商周青铜时期。

此鼎因其腹内壁上有铭文"后母戊"三字而得名，是商王祖庚或祖甲为祭祀其母所铸。它是目前已知的中国古代最大最重的青铜礼器，堪称是青铜界的"巨无霸"。鼎身长方形，深腹平底，口沿上有两个立耳，腹下四柱足（上部中空），鼎身四周饰以云雷纹为地纹的兽面纹及夔纹，中间为素面，四面交接处饰以扉棱。鼎耳外廓饰双虎食人头纹，耳侧以鱼纹为饰。鼎足在三道弦纹之上各施以兽面。该鼎通身硕大厚重、庄严肃穆、纹势华丽、工艺高超，显现出不可动摇的气势。

后母戊鼎的鼎身和鼎足为整体铸成，不过鼎耳是在鼎身铸好后再装范浇铸的。据计算，铸造这样高大的铜器，所需金属料当在 1000 千克以上，且必须有较大的熔炉。经测定，后母戊鼎含铜 84.77%、锡 11.64%、铅 2.79%，其他 0.8%，这与古文献记载制鼎的铜锡比例基本相符。后母戊鼎充分显示出商代青铜铸造业宏大的生产规模和高超的技术水平。

作为世界上最大的青铜礼器，后母戊鼎在其造型、纹饰、工艺上均达到极高的水平。是商代青铜文化顶峰时期的代表作，也是中国青铜文明的典型代表。

后母戊鼎是在 1939 年 3 月被河南安阳农民吴希增在武官村北的农田中偶然探寻到的。当时大如马槽的大方鼎的口朝东北，横斜在泥土里。不过最初发现时，它只有一个鼎耳，另外一只怎么也没找到。当时安阳已被日寇侵占，村民为了不使后母戊鼎落入日寇手中，遂又将它重新掩埋起来。

　　抗战胜利后，安阳农民在 1946 年 4 月又将后母戊鼎重新挖出。1948 年夏，在南京首次公开展出，蒋介石在当时曾经亲临参观并在鼎前留影。其败逃台湾时，曾试图将其运到台湾，不过终因其分量太重而没有实现。中华人民共和国成立以后，后母戊鼎归南京博物院收藏，1959 年中国历史博物馆新馆建成，转交中国历史博物馆至今。方鼎那失去的一只鼎耳一直没有找到，专家们仿照另一只鼎耳的样式将它补铸上去。

　　中国历史博物馆为配合安阳殷墟申请联合国"世遗"评估行动，曾在 2005 年 9 月下旬将后母戊鼎运回安阳殷墟博物馆展览近 4 个月，安阳市举行了盛大的迎接仪式，当时几乎是万人空巷，热烈欢迎阔别家乡 59 年的宝鼎回家。目前，新国博 6 项免费展览中，就有不设展柜的后母戊鼎展，虽然对每天参观人员有数量限制，但仍有无数游客慕名前往，争相一睹国宝尊容。

四虎铜镈与鸟纹三戈

镈为古代乐器的一种。四虎铜镈是 1985 年湖南省邵东县毛荷殿乡民安村农民在挖房基时发现的。其口顶之平面均呈椭圆形。顶中央有一小方形孔，纽呈倒"U"形，镈上饰云雷纹，非常精美。

此镈附饰两对扁身虎，虎通长 15.8 厘米，翘尾咧嘴，两两追逐而下，一眼望去，下山虎的威风扑面而来。正背两面中部各附凤鸟一只，鸟身长 20.3 厘米，高冠，卷尾，几欲凌空，鸟身和虎身依部位不同而勾勒有阴线纹。鸟饰与虎饰正好构成四条对称扉棱。近顶、口部位各有一圈纹饰，分别饰乳钉八枚，乳钉之间饰近似米粒的小圈点，每五个一组，构成梅花点形。在镈左右两侧自上而下有一道明显铸痕，纽与四虎正好铸在这道铸痕上。由此推测，镈的主体部分是前后分铸而成，纽、虎饰、鸟饰则是分铸好再焊接上去的。

经专家考证，这种形式的镈具有浓郁的商末周初的风格，据统计，目前所知传世或出土的商周铜镈约有近 20 件，一般为单出或出土窖藏，确知地点的有 6 件左右，其中仅一件出于陕西岐山，其他则集中在湘水流域及邻近地区，而此件是唯一一件确知出土地点的。

铜镈是商周时期常见的青铜乐器之一。"四虎铜镈"属于年代最早的一类铜镈。古代文献中的"镈"有一种含义即为大钟，如《周礼》中的"镈师"，郑玄注曰："镈，如钟而大。"可见镈的一般形制略如钮钟，但又有不

四虎铜镈

同，往往形体较大，腹微鼓出，器身呈椭圆形或合瓦形。

早期的镈体四面各有一道垂直的扉棱，或两侧带有鸟、虎等纹饰组成的扉棱。先秦时期有特镈与编镈之分。特镈为大型单个打击乐器，一般只能发出一到两个音，而且声音浑厚，贵族在宴飨或祭祀时，常将它同编钟、编磬相配合，作为节奏性的乐器使用，用来加强乐曲的重拍和主音；编镈有大型和小型，用以演奏乐曲或伴奏。自春秋以后，镈的扉棱逐渐消失，形体也渐小，小型编镈逐渐流行而与编钟相抗衡。约自唐宋以来，不少编钟逐渐改取镈的形制，遂致钟镈不分，镈名亡而实存。

鸟纹三戈是指大且（祖）日己戈、且（祖）日乙戈、大兄日乙戈三件青铜兵器，是我国目前已知最早的青铜铭文兵器。其最早著录于罗振玉的《梦郼草堂吉金图》。

大且日己戈：援长17.8厘米。直援微胡，脊微隆起，阑上下出齿，内作镂雕歧冠鸟形。援上铸铭文22字，释文为："大且（祖）日己、且（祖）日丁、且（祖）日乙、且（祖）日庚、且（祖）日丁、且（祖）日己、且（祖）日己"。

且日乙戈：援长17.4厘米。直援微胡，脊微隆起，阑上下出齿，内作镂雕歧冠鸟形。援上铸铭文24字："且（祖）日乙、大父日癸、大父日癸、中（仲）父曰癸、父曰癸、父曰辛、父曰己"。

大兄日乙戈：援长 17.5 厘米。直援微胡，脊微隆起，阑上下出齿，内作镂雕歧冠鸟形。铭文字数，援上铸铭文 19 字，为："大兄日乙、兄日戊、兄日壬、兄日癸、兄日癸、兄日丙。"从铭文看，他们可能都是反映以干日为祖先庙号而以此庙号干日为祭日的一种制度，作器者当是后世所谓"大宗"，三戈铭文实际就是作器者家庭的三代祭谱，是一部以男子为世系的家族谱牒。其内容为我们文献资料不甚丰富的商代史研究提供了极为重要的信息。

三戈当为商代时期北方侯国之器，三戈铭文都在直援上，分别列祖辈、父兄辈名字。共记有作器者诸祖 8 人、诸父 6 人、诸兄 6 人，且行文齐整，文字整饬，这在殷商金文中非常少见。

王国维先生曾撰《商三句兵跋》，以为"此当是殷时北方侯国勒祖父兄之名于兵器以纪功者"。史学家陈梦家先生则以为三戈是"陈设用的仪仗"。此后张光直、金景芳、史树青等诸多专家学者对此器也多有研究，有精辟论述。

就其用途，史学家陈梦家先生认为："铭文顺读时，刃向上，可知此等铸铭的戈不是实用的，而是陈设用的仪仗。"当代著名史学家李学勤先生也指出是"商朝北方诸侯之器"，而这诸侯是属于商文化范畴内的诸侯，不是只受商文化影响的异族诸侯。并认为这三件戈铭，实是记三代人的谱系。由此可知，此三戈为兵器中的礼器，装柄后可作贵族举行各种典礼时的仪仗，又可作为忌日的谱牒。

《尚书·顾命》记西周成王将崩，命召公、毕公相康王，既崩，二公率诸侯与康王见于先王庙，当时的仪仗"四人綦弁，执戈上刃，夹两阶戺已"，

可见仪式上戈的用法是刃向上，从而失去了兵器的作用，而成为仪仗用的礼兵。

此三戈当为研究商代金文书法艺术、疆域范围、宗法制度以及亲族称谓的重要实物之一，其价值不言而喻。

青铜重器毛公鼎

毛公鼎是西周晚期宣王时期的一件青铜重器，因制器者为毛国的毛公而得名，被称为清代后期出土的"四大国宝"之一，位列台北故宫博物院十大镇院之宝。

毛公鼎器形作大口，半球状深腹，兽蹄形足，颈部的两道凸弦纹之间饰以精美的重环纹。口沿上树立形制高大的双耳，浑厚而凝重，整个器表装饰十分整洁，在凝重之中透着素朴和典雅，洋溢着一股清新庄重的气息。

毛公鼎最为著称于世的，是其32行497字的长篇铭文，这是迄今古青铜器铭文中最长的一篇。这是一篇完整的"册命"，记述了周宣王给他的近臣毛公的任命和勉励。毛公鼎出土的时候，青铜器不但要以质地、古旧程度论价，还要按照铭文的字数加价，一个字可以加一两黄金，其价值可想而知。

金文发展到西周晚期周宣王时代，已臻登峰造极之境，毛公鼎就是这个时期的杰作。郭沫若先生曾赞曰："泱泱然存宗周宗主之风烈……抵得上一篇《尚书》。"这也是台北故宫三宝中历史最久远，也最具知名度的一件器物。

尽管毛公鼎的造型、纹饰较之其他商周青铜器，显得简朴，但其铭文的篇幅却是青铜器之最，铭文完整，古朴典雅，是西周散文的代表作。其之最，非仅在字数之多、训诂辞之美，内容也极为重要，是研究中国冶金史、文字史和西周史不可或缺的极为重要的史料。

这是一篇册命辞。首先追述文武二王政治清平的开国盛况，接着指出当下时局不安，国势不顺，当此危急之际，宣王册命毛公治理邦家内外，并授予他宣示王命的专权，并告诫他要勤政爱民、以善从政、修身养德，最后为确立毛公的权威，重赏以仪仗、车马、兵器等器物。毛公感念宣王之恩，作器铭记其事。497字，语重心长，表达了周宣王孜孜图治的决心，再现了宣王中兴王室、任人唯贤的盛景。

同时，其铭文字体结构方长庄重，线条的质感非常饱满，笔法端严圆劲，气象浑厚肃穆，极具美学价值，是成熟的西周金文风格，也是一篇全文书法的典范。自出土以来，清末书法家们无不为之倾倒。清末大书法家李瑞清就曾说："毛公鼎为周庙堂文字，其文则《尚书》也；学书不学毛公鼎，犹儒生不读《尚书》也。"

毛公鼎于清道光年间在陕西岐山出土，据说是某董姓村民在田中偶然挖得，后屡经转手，终为西安古董商苏亿年所得。1852年，金石学家、收藏家陈介祺从苏亿年之手购得，此后深藏密室，鲜为人知。陈介祺病故后，此鼎归当时两江总督端方所有。端方死后，此鼎几经辗转，为时任北洋政府交通总长的大收藏家、后来国学馆馆长叶恭绰手中。

1937年，抗战爆发，叶恭绰避走香港，将它托付给其侄叶公超，并嘱咐他："不得变卖，不得典质，更不能让它出国。有朝一日，可以献给国家。"毛公鼎在叶公超等的保护下，于1941年夏秘密运至香港。不久香港被日军攻占，叶家又只好托德国友人将鼎辗转运回上海。因生活困顿，叶家无奈将其典押给银行，后由钜贾陈永仁出资将之赎出。1945年，抗战胜利后，陈永仁将毛公鼎捐献国家，隔年由上海运至南京，收藏于中央博物馆。

　　1948年，国民党退守台湾，大量南京故宫博物院珍贵文物南迁至台北，毛公鼎亦在其中。1965年，台北故宫正式落成，毛公鼎成为台北"故宫博物院"的镇馆之宝之一，与翠玉白菜、东坡肉形石并称为"故宫三宝"。

三代青铜酒器拾零

　　夏、商、周三代时期（公元前21世纪—前221年），是我国古代礼制的成熟期，也是中国古代礼制最为规范的时期。"礼以酒成"，无酒不成礼，因此，夏、商、周时期也是我国酒礼最复杂、酒与政治结合最为紧密的时期。

　　下面简单介绍几种三代青铜酒器：

1. 四羊铜方尊

四羊铜方尊，是珍藏在中国历史博物馆中的一件著名的商代晚期青铜酒尊，尊高58.3厘米，重34.5公斤。比殷墟妇好墓中的大型铜方尊还要重，是我国现知商代最大的铜方尊，传说系1939年出土于湖南宁乡的一处山坡上。

此尊造型雄健洒脱，铸制工艺精湛，装饰艺术炉火纯青。尊体呈方形，口部极度外侈，口沿边长52.4厘米。颈部修长，铸有八道扉棱，雕饰蕉叶、夔龙纹。腹部鼓凸，以立体雕塑手法铸出四只绵羊的前半身，羊角硕大弯曲，羊态安详而威武，羊体肥硕健美，仰首挺胸，凝视前方。羊背及羊胸饰有鳞状斑纹，羊腿上有鸟纹，又使四羊陡增几分神秘和威严。尊肩雕蟠龙四条，龙首在二羊之间，头生双角。四羊方尊以精细的云雷纹衬托，采用平面线雕、浮雕和圆雕多种手法，把这件铜尊装扮得庄重大方，光彩夺目，成为饮誉中外的古代文物珍品。

羊性情温顺，所求唯草而已，却能为人贡献奶、肉、皮、毛，因而羊被古人作为吉祥、美好的象征，把羊用于青铜礼器上，显然含有祈福、求得和顺美满之义。有趣的是，汉字的"美"字即从羊。若从正面欣赏，四羊方尊上的羊面，那向两边弯卷的角，目、鼻、口俱见的羊头，不正是"美"字之上半体吗？铜尊铸羊朝向四方，大概还含有四方平安、四季和顺之寓义。

古代宗庙祭祀用"三牲"作祭祀牺牲品，《礼记·曲礼》说"天子以牺牛，诸侯以肥牛，大夫以索牛，士以羊豕"。古文献还记载说古代祭祀用的礼器有牺尊、象尊，而现知文物中除了牺尊、象尊之外，还有豕尊、羊尊，四羊方尊应列入羊尊之属。作为礼器，羊尊的壮伟与精美并不在牺尊、象尊之下。

2. 双羊铜尊

《诗经·无羊》有诗句吟道："谁谓尔无羊？三百维群。""尔羊来思，其角濈濈。"大义是：谁说你没有羊？你的每群羊都有三百只。看，你的羊群过来了，羊角交错数不清。在诗文的字里行间，充满着对畜牧兴旺的冀盼与赞美，对财富的企求与欣赏。我国人民自古偏爱于羊，不仅仅因为羊本身是重要的物质财富，更重要的是，羊是吉利的象征，"羊"即是"祥"，这一层意思，凡使用汉语的人们皆能心领神会。我们曾见到汉代的铜器上雕饰羊的图案，并在某侧题铭"大吉羊"，"大吉羊"亦即"大吉祥"。

在我国古代酒器中，最早采用羊形者，现知是商代的青铜酒器。其中三羊铜罍、四羊铜尊等均为代表作。这里介绍的，是一件完全以羊为器形的商代青铜酒器——双羊铜尊。尊的主体是头向相背的两只连体羊，它们都只有前半身而无后半身。羊头高昂，双角盘卷，角尖下屈而后前伸，富有力感，双目平视，颔下长须飘逸，胸部挺凸，肩腹圆浑肥硕，腹内空腔。两腿并立而微见前撑，使得整个器体四足落地稳如泰山。羊体肥壮健美，神态肃穆庄重，看上去老成持重，灵性高深。加上通体鳞纹，腹有双翼，更使之神秘玄化，深奥莫测。

在双羊背上驮载着一圆筒，这就是尊口。筒体雕饕餮纹，双角竖立，二目直视。高高耸立的尊口纳酒方便，而微微张开的羊嘴便是天然的流口，尊中酒可从任意一只羊的嘴中吐泻出来。该器构思独特奇巧，造型生动逼真，唤之欲动，似乎稍受惊骇，就会撒蹄而奔。

很显然，双羊铜尊堪称青铜艺术佳作。比之一兽一器的豕尊、象尊、牛尊，具有不同的艺术感染力。

该尊现藏于英国，通高45厘米。据知，日本的根津美术馆中也藏有一件我国商代的双羊铜尊。

3. 人面神龙铜盉

在商代青铜酒器中，有一件十分奇异的珍品——人面神龙铜盉，其盖雕刻为人面状，浓眉大眼，宽鼻阔口，头生一对槌状角，双耳有圆孔。器身较矮，敛口，腹垂鼓，圈足，双贯耳，管状流。圈足上有三个穿孔，其中两孔与盉盖的人耳孔、盉身的贯耳对应，用绳索串连后便可成为铜盉的提梁。通高 18.1 厘米。

盉身上半部分以纤细的云雷纹为底衬，雕刻出龙的前肢相对而抱，另有一对小龙张开大嘴分列盉流两侧。盉身下半部分是鳞状纹和菱形纹，这是商代青铜器表现龙体的常用花纹。该盉运用圆雕、浮雕和线雕技法，向人们展现了一条幻化成人面的神龙，岿然盘踞、仰首望天的形象，既神秘，又威严，似乎一声霹雷，神龙便会腾空入云而去，充分体现了古代艺术家丰富的艺术想象力和高超的艺术表现力。其艺术构思，与我国良渚文化和山东龙山文化玉器上人、兽（鸟）合一之神灵徽像，实一脉相承。

4. 人面神龙铜盉

据传，该盉是 1940 年在安阳殷墟出土的，系商代晚期作品。它出土不久，即流入市场，由北京"同益恒"古玩铺的萧延卿、陈鉴塘经手，以 30.5 万银元的价钱卖给了上海古董商人叶叔重，叶氏将其运往由其舅父吴启周与美籍华人卢芹斋合办的美国最大的古玩店"吴卢公司"，转手卖给了美国人，至今还留在美国。

在北京故宫博物院，也藏有一件人面神龙铜盉，其大小及花纹、形制与在美国的那一件一模一样，可它们并非一对。原来，在把安阳出土的铜盉运往美国之前，北京著名的古铜器仿制专家王德山复制了一件，也是高

18.1 厘米，重 2.65 公斤。虽是复制品，但由于王德山手艺非凡，仿造得十分逼真，一般人不易辨别真伪。不过，真器、伪器还是有区别的：存于美国的真器，原本没有铭文；存于故宫的伪器，在盖内和盉身内底錾刻了铭文。就是这画蛇添足之举，为后人辨识真伪留下了根据。

5. 蚕桑纹铜尊

敞口、鼓腹、高圈足的青铜酒尊，商代晚期和西周时期在中原地区曾非常流行，然而进入东周以来，这类铜器便从中原大地上消逝了，可是却又神秘地兴起于南方吴越之地，真可谓"失之于朝而存诸之野"了。

1963 年，在湖南省衡山霞流市出土一件春秋晚期的铜尊，很有特色。它的造型特征与西周时期中原地区的铜尊颇为相似，而其装饰则独具一格。它那向外敞侈的口部，铸满蚕虫，蚕之后半身为浮雕，前半身则为圆雕，蚕头昂起，双双成对，似在对语，又像是互相吻抚，情趣深长。尊颈饰对称三角几何纹和卷云纹。腹部是在桑叶形纹饰框架内，填充若干浮雕的勾尾蚕，桑与蚕有机陪衬，自然而合理，堪称绝妙。圈足上亦有一周花纹。尊高 21 厘米，现藏于湖南省博物馆。

春秋时期，由于社会的大变革，青铜器装饰艺术也发生了变化，商代和西周时期威赫的饕餮纹不见了，神奇诡秘的龙、虎、凤纹也隐退了，而现实生活中的宴乐、攻战、农桑都先后登上了青铜艺术的大雅之堂。这件铜尊展现给我们的便是清新愉悦、洋溢生活气息的田园桑林画面。作者依靠超群脱俗的技法和新颖奇特的花纹，创造了一件不同凡响的青铜艺术珍品。

扩展阅读　贵重的重金络壶

重金络壶是南京博物院珍藏的一件战国时期青铜器，1982年，出土于江苏省盱眙县南窑庄的一座古代窖藏中，高24厘米。

该壶的形制并无特别处，但它的装饰却独具一格，举世无双。除了壶的颈、腹部装饰着错金银的斜方格云纹以外，壶体外围还有网络外套笼罩在壶之肩、腹部，它由卷曲起伏的蟠龙、繁茂盛开的梅花交错套扣而成，肩部有蟠龙48条，梅花48行计144朵。腹部雕头尾相交的蟠龙48条，每条龙起伏卷曲9次，腹部梅花共48行计432朵。在网络套的横箍上，相间装饰着四只伏兽和四个兽头衔环耳。伏兽似虎，遍体饰错金银方格纹。衔环兽头额部镶嵌绿松石，环上有细如发丝的错金流云纹。

壶体系浑铸成型，而其他配件、装饰附件均系分铸成型后，再焊制为一体，还要镶嵌绿松石、错嵌金银丝，工艺精细复杂，充分体现了战国时代青铜技术的高超水平。

壶上有三则铭文。口沿上的铭文是"廿五重金络壶受一冯五纣"。"廿五"是器物编号，"重金"即优质铜，"络壶"是有网络套的壶。"受一冯五纣"指壶的容量，冯、纣为战国时燕国的两个容量单位，圈足内侧铭文已损坏难识。圈足外缘铭刻29字，令人惊奇的是，这则铭文与现藏美国宾夕法尼亚大学博物馆的著名战国铜器"陈璋壶"的铭文竟然一字不差："隹

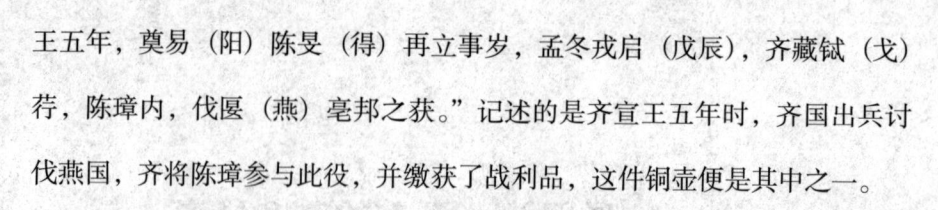

王五年，奠昜（阳）陈旻（得）再立事岁，孟冬戎启（戊辰），齐藏钺（戈）苌，陈璋内，伐匽（燕）亳邦之获。"记述的是齐宣王五年时，齐国出兵讨伐燕国，齐将陈璋参与此役，并缴获了战利品，这件铜壶便是其中之一。

原来，当年燕王哙听了别人的劝说，把王位让给了相邦子之，引起燕太子与子之两派势力之间的攻斗，燕国大乱，齐国趁机出兵攻陷燕国都城，把燕国宗庙中的礼器掳掠一空。这件重金络壶本来就是燕国宗庙重器，被齐国将领陈璋所得，于是就加刻了 29 字铭文，纪念这次胜利。壶口上的铭文，则是燕人自己所刻的。

第三章

古陶遗风
——三代时期的陶器工艺

夏至战国时期是中国青铜文化的鼎盛时期。这一时期的陶器已经丧失了前一时期的无可替代的重要地位,青铜礼器和生活、生产用器成为社会风尚的主流,陶器虽然在一定程度上还保持着传统的面貌,但器型、纹样模仿青铜器的做法相当流行。烧陶窑炉的发展为青铜炼炉的创制提供了启示;而能用火候较高的温度冶炼青铜,又为改进陶窑炉进一步烧制出耐温较高的白陶器和原始瓷器创造了条件。

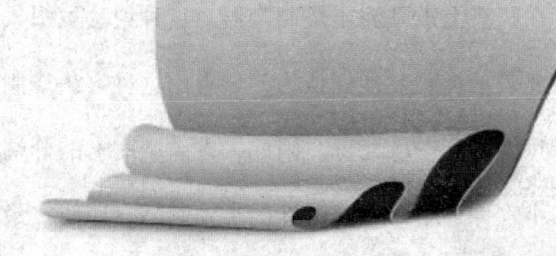

陶器的起源

一般认为，陶器是随着史前人类进入新石器时代的定居生活而出现的。我国现存最早的陶器残片出土于南方地区的一些洞穴居住遗址中，据碳-14测定，其年代距今约9000—10000年。

制陶的发明与人类知道用火有密切的关系，被火焙烧的土地或者黏土因落入火堆而变得坚硬定型，可能促使原始先民有意识地用泥土制作他们需要的器物。因此，就一般意义来说，制陶完全可能由不同地区的原始先民各自在生产、生活实践中发现、发明，而不一定需要其他地方人群的传授与教导。我国黄河流域新石器时代早期的裴李岗文化与磁山文化的陶器和长江下游新石器时代早期的河姆渡文化的陶器，不论形制、器类、工艺与装饰都不一样，显然都是各自独立发生的。

原始先民最先可能采用的制陶技术，大致有捏塑法与贴敷法等。过去比较流行的说法是原始人类用涂抹泥土的竹、木枝条筐篮汲水，由此受到启发，发明了在筐篮上敷贴泥土烧制陶器。这种说法虽引人入胜，但越来越多的学者对此表示怀疑。他们认为，如果用这种方法烧制筐篮那样大小的陶器，结果只能得到一堆瓦砾。因此，人类制陶术的开端极有可能是烧制用手捏塑的小物件、小器皿，这样的小件制品，即使在最简陋的烧造条件下，也不乏烧成的机会。只有在多次烧制成功的鼓舞下，才会促使先民思考黏土原料的选择与加工、成型方法的改进、烧成条件的改善，甚至专为焙烧陶坯的陶窑设计等等，从而烧制出器型比较大的陶器。

自20世纪70年代以来，我国境内的早期制陶遗迹屡有发现。通过对这些新石器时代早、中期陶器残片的观察，可以发现它们有泥片粘合的层理和陶片层理剥落的现象，这种现象最早被认定的是浙江省余姚河姆渡遗址的四层，即河姆渡文化一期的陶片。以后在石门皂市遗址下层、大地湾遗址一期、河南密县莪沟裴李岗文化的陶片以及更早的江西万年仙人洞、桂林甑皮岩等洞穴遗址都有陶片遗存。这些遗址的年代都早于仰韶、红山、大溪、大汶口、河姆渡二期诸文化的年代，具有比泥条盘筑法更早、更原始的制陶术成型方法，文物考古工作者称之为"贴敷模制法"或"泥片贴筑法"。筐篮编织成器的方法，很可能曾经启发了先民使用泥条盘筑法制成大型容器的陶坯，但这已是较晚的新石器时代中期才出现和普及的了。

所谓泥条盘筑法，就是将拌制好的黏土搓成泥条，从器底起依次将泥条盘筑成器壁直至器口，再用泥浆胶合成全器，最后抹平器壁盘筑时留下的沟缝；或进一步一手在器内持陶垫或卵石顶住器壁，一手在器外持陶拍打，使器壁均匀结实，而后入窑烧制。如若陶拍刻印有花纹，则器表形成一种装饰花纹（即所谓"印纹"）。

轮制成型，是在盘筑法的基础上产生的一种制陶技术，它借助于称为"陶车"的简单机械对陶坯进行修整。在我国古文献中，陶车亦称为陶钧，它是一个圆形的工作台，台面下的中心处有圆窝置于轴上，可围绕车轴作平面圆周运动。将陶坯置于工作台面的中心，推动台面旋转，便可用手或借助工具对器型进行整修。最原始的陶车可能在新石器时代中期已经出现，

因为在相当于这一时代的遗址中有经过慢轮修整的陶器出土。虽然至今仍未发现新石器时代的陶车遗物，但我国各地新石器时代中、晚期各文化遗址中，已先后出现的轮制陶器还是可靠的，例如山东龙山文化出土的蛋壳黑陶，其胎体之薄与器型之规整，只有轮制才有可能实现。

轮制陶器是制陶术的一个飞跃，因为它所使用的简单机械——陶车可以看成现代机器车床的发端，它的出现提高了生产力，可能已有社会分工的发生。这种技艺的熟练使用，显然要有长时间的锻炼。在工艺上也意味着制备原料坯泥的巨大进步。因为轮制陶器要求坯泥品质均匀、细腻，并且有相当的湿强度，只有这样，才能在陶车的惯性旋转中利用坯泥的离心力，使器壁较薄、器型规整。

上述几种制陶术的出现虽有先后，但它们只是反映了制陶技术的丰富与完善，并不意味着对先前制陶术的完全放弃，许多制陶术仍为后代长期沿用。即使在现代，制陶已具备了机器制作的技术条件，手工制陶仍然用于生产艺术陶器（如紫砂茶具等）。

陶器与瓷器的区别主要在于，陶器是用陶土为原料，而瓷器是用瓷土为原料的，它们有着不同的化学物质成分和结构，从而影响着它们的性能。陶器一般是在1000℃以下的温度中烧造的，至多达到1100℃左右，而瓷器则是经过1200℃以上的高温烧成的。陶器的原料不能耐受瓷器所能经受的1200℃以上的高温，否则就会融化而烧流或变形而烧坏，瓷器原料则不怕高温烧炼，不经此高温则不能烧结成瓷器，这是由于它们各自的化学成分不同而造成的，即所谓内因决定的。在物理性质上看，瓷器胎质洁白、致密，更加坚硬，强度也更好，陶器密度较小，除白陶外，一般陶胎不呈白色，陶器不透光，有一定的吸水性，瓷器则不吸水，有一定透光性，即半透明，而且能敲击出清脆如金属般的响声。除了釉陶，陶器一般不上釉，而瓷器一般都有薄而匀的釉，釉陶的釉是低温釉，而瓷器的釉是高温釉，这也是由釉质化学成分决定的。

但是，瓷器与陶器的基本工艺是一样的，瓷器是在陶器工艺发展的基础之上而发明的，所以，陶器和瓷器有着十分密切的关系，可以说，没有陶器，就没有瓷器。瓷器发明以后，陶器与瓷器的发展也是相互影响、相互促进的，在瓷器普遍使用以后，陶器并不被瓷器所取代，它依然占有着自己的地位，仍然保持着自己的优势，在提高的工艺或特殊的工艺下，陶器发展也大放异彩，不断创造出灿烂辉煌的陶艺新品。

知识链接

陶色

陶色即陶器呈现的颜色。在古代陶器中，比较常见的陶色有红、黄、灰、黑、白、褐等几种，习惯上分别称为：红陶、黄陶、灰陶、黑陶、白陶、褐陶。实际陶色是较复杂的，往往在同一颜色中，呈现深浅的不同差异，还有些呈现过渡性的间色，如橙黄陶、灰黄陶、红褐陶、灰褐陶、灰黑陶等等，也有些陶色表现出不匀或变化的色调。在许多时候，因人而异，人们对陶色的感觉和对陶色的描述，常常还存在着一定的误差。在某种情况下，陶器文物因埋藏环境或其他原因，也有可能发生陶色的变异。总之，古代陶器的颜色是千差万别、富于变化的，对陶色的确认也往往是相对的。

夏代的陶器

夏代（主要指二里头文化早期）的陶器型制、类别和纹饰，基本上承袭了河南龙山文化晚期的陶器。以泥质灰陶和夹砂灰陶为主，黑陶（包括黑皮陶）和棕色陶较少，红陶更为少见。陶器成型技术基本为轮制，兼有一些模制和手制。装饰工艺除部分食用器和盛器为素面磨光外，或在磨光器面上拍印一些回纹、叶脉纹、涡漩纹、云雷纹、圆圈纹、花瓣纹和人字纹等图案纹饰外，大多数陶器的表面还以篮纹、方格纹和绳纹等为装饰花纹，并且还流行在陶器表面加饰数周附加堆纹和一些划纹和弦纹。其中，篮纹和方格纹是由当地龙山文化晚期的陶器上常见编织物纹饰发展而来的，但数量已大为减少，逐渐被细绳纹所替代。很显然当时陶器上大多数花纹是为美观装饰而印的，但也有一些所谓纹饰是为了加固陶器或搬动方便而特意添加的。如一些陶器上所见的附加堆纹，大多是添加在器型较大和陶胎较厚的腹部，这就能说明这些附加堆纹除了作为花纹装饰使用外，还能起到加固陶器的实用效果。另外，在河南二里头文化早期遗址中，还发现一些制作精致的陶器表面浅刻有龙纹、蛇纹、兔纹和蝌蚪纹等形象生动、雕工精细的动物形象图案，并有一件陶器表面还刻有饕餮纹和裸体人像的图案。

夏代陶器型制和纹饰，虽然是在承袭河南龙山文化晚期陶器的基础上发展而来，但是在早期的饮器中出现了腹部满饰附加堆纹的高足陶鼎。陶鬶已经基本不见，却出现了陶爵和陶盉等器皿。陶盉有可能就是从前期陶鬶发展而来的。在食器中新发现了陶簋和三足盘。陶簋有可能是从前期陶圈足盘演变而成的。在盛器中，陶瓮、陶罐、陶盆的口沿和底部较龙山文化晚期也

夏代陶器

有一些变化并开始出现了圜底器。在器表纹饰的工艺上，篮纹和方格纹相对的较前期减少，绳纹逐渐增多，并开始出现了拍印的图案纹饰。夏的邻区文化的陶器除了二里头文化早期的陶器都存在着许多共性之外，还有各自的显著特点。如黄河下游一带稍晚于龙山文化的先商陶器，其质料虽然也是以泥质灰陶和夹砂灰陶为主，但素面磨光黑皮陶和夹砂棕陶的数量也比较多见，常见的陶器型制和河南豫西地区二里头文化早期的陶器相比有明显的区别。陶器以折沿或卷沿的平底器为主，三实足、三袋状足和圈足器比较少。其常见的陶器型制，鼎、罐、甑、甗和鬲等为饮具用器；觚、带流壶和杯等为饮用器；豆和圈足盘等为食器；较大的瓮、平底盆和陶缸作为储存水和粮食等的盛器；另有陶制研磨器和器盖等。其中陶甗、陶鬲、平底盆和带流壶是较为常见的生活用具。而在夏文化（河南豫西地区的二里

第三章 古陶遗风——三代时期的陶器工艺

055

头文化早期）中这类器型却基本不见。其余地区的陶器特征和夏文化的陶器相比也有所不同。反映了夏的陶器和周边地区其他氏族部落的陶器是有着各自的发展序列和某些独特的风格的。

知识链接

陶土

陶土是指适合做陶器的黏土。自然界的土壤是由岩石风化成碎屑，再经过自然力和生物的作用，逐渐演变而成的。各种土壤的化学组成会有很大差异，在不同环境条件作用下，也会对化学成分有一定的改变，并呈现出不同的物理性质。适宜作陶器的土壤，最好的是河流沉积土，较多使用的是次生黄土，还有黑土等，必须是低钙质的，可以是高铁质易熔土、镁质易熔土、高铝质土等。要做出好的陶器，应根据不同的需要选料、配料，陶土要经过淘洗、沤练，必要时须加入一定的羼和料。

商代的陶器

商代早期的陶器，可以二里头文化晚期（三四期）的遗存为例。其出土的陶器以砂质和泥质灰陶为主，黑陶（包括黑皮陶）、棕灰陶和红陶比较少，另还出现一些白陶和含铁量较高的硬陶器。陶器制作一般为轮制兼有模制和手制工艺。陶器表面的花纹装饰除少量素面或在磨光的陶器表面上施用一些凸弦纹和云雷纹、双钩纹、圆圈纹等带条状图案的装饰外，绝大多数陶器表面满饰印痕

灰陶簋商

较深的绳纹，兼饰一些附加堆纹和凹弦纹。绳纹约要占整个陶器表面纹饰总数的一大半，而附加堆纹的使用数量已较前大为减少。器表满饰方格纹的仅在个别粗砂质厚胎缸上还有施用。个别陶盆上还发现了篮纹的装饰。

  在商代早期的陶炊器中，陶鬲逐渐代替了陶鼎，并出现了陶甗。陶鼎是夏代原先的主要炊器之一，到了商代陶鼎的数量大为减少。有些盆形陶鼎逐渐成了食器用的细泥质磨光器皿。同时，陶觚、陶斝和陶爵等酒器数量比夏代明显增多。盛器中的大口尊开始出现并逐渐成为重要的盛器之一。而且在这些大口尊的口沿上大多刻有陶文记号，这对于了解大口尊这类盛器的用途可能有着一些意义。食器中新出现了圈足陶豆和陶簋，浅盘高柄陶豆逐渐减少。其他类型的陶器也有不同程度的变化，反映了商与夏文化在陶器上有着显著的不同和特点。

  商中期的陶器直接承袭早期（即二里头文化晚期）的陶器发展而来的。以泥质和砂质灰陶为主，还有一些夹砂粗质红陶和少量的黑皮泥质陶及泥质红陶。表面除素面磨光外，大多数陶器的腹部、底部都使用绳纹并加饰

一些划纹、附加堆纹和镂刻。部分细泥质盆、簋、壶、豆、瓮等陶器的腹部、颈部还印有方格纹、人字纹、曲折纹、饕餮纹、花瓣纹、云雷纹、涡旋纹、连环纹、乳丁纹、蝌蚪纹、圆圈纹等图案组成的带条装饰，其中以饕餮纹组成的带条纹数量为最多，是当时装饰图案中最美的一种。其中有些施用饕餮纹的陶器和同期的青铜器型制完全相同。

在商代中期的各种灰陶器中，其口部的折沿基本不见，而多为卷沿口部，底部主要以圜底和袋状足为主，圈足器也显著增多，平底器则大为减少。饮器中陶盉和爵的数量较前明显增多，陶斝则很少发现；食器中陶簋和豆相继取代了三瓦状足的平底盘；盛器中陶盆、大口尊和粗砂质红陶缸的数量增多，并由前期口部略小于肩部，发展为口部略大于肩部直至成为大敞口的大口尊。商代中期陶器品种增多，用途明确，胎壁减薄，工艺精致，为商代陶器生产的鼎盛时期。

商代后期的遗址以河南安阳殷墟为中心，遍布河南、河北、山东、陕西、湖北、山西、江西、安徽和江苏等地，说明随着商人活动的扩大，其制陶工艺技术和文化范围也不断地扩大。各地的陶器中共性较为明显，但地方特色也显然存在。商晚期的日用陶器品种较中期略有减少，而且一般灰陶的制作工艺也不如中期，原因是商晚期青铜器、原始瓷、白

黑釉带盖陶瓮·商

陶器、硬陶器和木漆器等不同质地的器皿在日常生活中已有了较为普及的缘故。从陶器的器型观察，袋状足的陶器数量仍然不少，但平底器和圈足器较前明显增多，而圜底陶器则相对地减少。炊器中鬲的数量最多，陶鬲的口沿都有折棱，但腹部形状由深变浅，裆部由高变矮，足尖逐渐地消失。陶甗的变化也与鬲基本相似。早中期常见的夹砂陶罐到了商后期数量大为减少。食器中陶簋和豆的数量大增，但陶簋的器型由敛口变为大敞口，陶豆的高圈足也逐渐变矮。到了商代晚期，真正用于日常生活的陶器仅有鬲、簋、豆、罐、瓮和器盖等十余种。实用陶器数量的减少，和商代后期青铜器、印纹硬陶等胎质坚硬的器皿有了新的发展并得到广泛使用有着密不可分的关系。

周代的陶器

周代制陶业是在吸收融合了商代晚期制陶工艺的基础上发展起来的。陶器以泥质灰陶、夹砂灰陶为主，也有少量泥质红陶和夹砂红陶。泥质黑陶较少见，至西周后期基本消失。生活用陶器品种又比商代时有所减少，主要器型只有十余种。如炊器主要是鬲、甗、甑，西周时期，陶鬲仍然是炊器中使用最多的，后来随着灶的出现和发展，鬲的形制也渐渐发生了变化。这时的鬲多为敛口卷沿、深腹圆鼓、矮袋状足，甑为敞口深腹、平底

带镂孔的盆形。食器主要是豆和簋，簋基本是折沿大敞口、喇叭口形圈足；豆多为敞口浅盘、平底喇叭座。盛器主要是盂、盆、罐、罍，盂为敞口折沿、折腹平底；盆分为敞口沿外卷、深腹略鼓、瓶底盆和敞口沿外折、浅腹平底盆两种；罐分小口沿外卷、深腹平底罐和敛口短颈、深腹圈底罐两种；罍为小口卷沿、双鼻短颈圆肩、深腹平底。

周代陶器花纹很少，主要是在成型过程中拍打上的，起成型稳固的作用，同时有装饰效果，以纹理较粗的绳纹为多，也有一些刻画的篦纹、弦纹、三角纹以及云雷纹、回纹、重圈纹、S形纹、席纹、方格纹和曲折纹等，这个时期附加堆纹已经很少在装饰中使用。

早期的彩陶文化

彩陶是指在打磨光滑的橙红色陶坯上，以天然的矿物质颜料进行描绘，用赭石和氧化锰作呈色元素，然后入窑烧制。在橙红色的胎地上呈现出赭、红、黑、白诸种颜色的美丽图案，形成纹样与器物造型高度统一，达到装饰美化效果的陶器。

在早期陶器发展的几千年中，制陶工艺尚不成熟，彩陶生产的技术条件无法具备，因此，陶器产生几千年以后才出现彩陶。从出现陶器到生产彩陶，这是一个长期摸索、反复试验、不断改进的过程。

陶器生产之初，没有刻意装饰的纹饰，但加工过程中手捏、片状物刮削、拍打器壁等往往会留下一些不规则的印痕。随着人们审美意识的增强，他们逐渐将这种不规则的印痕转变为有意的、规则的纹饰，如成排的剔刺纹、一圈的手窝纹等。早期陶器上大量出现的绳纹是在木棍上缠绕绳索滚压器壁而形成的纹饰，既可增强陶胎的坚实度，又能起到美化陶器外表的装饰效果，一举两得。后来只起装饰作用的纹饰种类越来越多，逐渐演变为单纯的装饰花纹，也因此，人们对陶器的装饰也越来越注重。随着工艺条件具备，彩陶便应运而生了。

彩陶是将各种天然矿物颜料绘制到陶器上，形成五彩缤纷的各类图案，使陶器不再仅仅是实用品，而且还具备了艺术品的审美功能。其中大多数是先在陶坯上绘制，然后入窑烧制，颜料发生化学变化后与陶胎融为一体，这样的彩陶色彩不易脱落，经久耐用而且美观。还有一类称为彩绘陶，是将颜料直接绘制到烧成以后的陶器上面，此类彩绘贴附在器物表层，使用过程中容易损坏脱落。

彩陶发源于距今约 10000 万前的新石器时代。人类在新石器时代伴随着相对定居的农耕文化一起发明了烧陶技术。关中地区大约在公元前 6000 年的老官台文化时期就有了较发达的陶器，有个别钵形器口沿装饰一条宽彩带，这是彩陶的萌芽。在公元前 5000 年的西安半坡村的仰韶文化遗址中，发现了很多精美的彩陶，表明在半坡时期，人们已经能熟练地控制窑温，并且彩绘艺术也达到了很高的水平。

知识链接

西周的陶器

西周前期仍以泥质灰陶和夹砂灰陶为最多，也有少量夹砂红陶和泥质红陶。泥质黑陶和白陶，到西周后期已经不见了。西周陶器的器形，作炊器主要有鬲、甗；作饮器的主要有爵、觚等，但已经很少；作食器用的主要有豆和簋；作盛器用的主要有瓿、罐瓮、盆、盂等等。在造型上，西周陶器以袋状足、圈足、平底为主要特征。纹饰仍以纹理较粗的绳纹为主，另有一些划线纹、篦纹、弦纹、刻划三角纹等。这时附加堆纹已很少使用。

西周时期，烧造陶器的窑炉主要还是馒头窑，龙窑的使用还相当少。

商代的白陶

白陶，就是指表里和胎质都呈白色的一种素胎陶器。它是用瓷土和高岭土为制陶原料，烧成温度在1000℃左右。白陶基本上都是手制，以后也逐步采用泥条盘制和轮制。器型种类不多，有鬶、盉、爵、豆、钵、罍、壶、卣、觯等。

在大汶口文化时期，人们已经能生产白陶器，其原料与黑陶、红陶不同，是以制造瓷器的瓷土或高岭土为原料的。

白陶的纹样均为几何形，主要有水波纹、米字纹、回纹、方格纹、编织纹、云雷纹。其纹饰多与器形相协调，如曲折纹、云雷纹、回纹等较粗犷的纹样，多用于瓮、坛及较大的罐等。而小件的盂、钵等多饰以米字纹、方格纹等细密、秀美的纹样，结构严谨，且富有韵律感。因其比一般陶器胎质坚硬且洁净美观，在当时多为统治阶级所用。

白陶胎质坚硬，洁白细腻，花纹精致，并且吸收了同期青铜艺术的特点，受到人们的钟爱，到商代晚期白陶烧制达到了高峰。在河南、河北、山西、山东等地的遗址中，均有商代晚期白陶器或墓葬出土，其中以安阳殷墟出土最多。

商代人们的穿着和使用器物多崇尚白色，是高贵的象征，白陶为统治阶级才能享用，死后随葬墓中。白陶出土量极少，大多殷商的白陶器都是从贵族墓中发掘，极其珍贵。

商代时期的白陶器不但选料精细，且制作相当精致规整，胎质坚硬，多采用手制与轮制，烧成温度较高，一般在1000℃左右。器型多为壶、盂、鬶、爵、豆、钵等，以食器和酒器为多，与人们日常生活密切相关。器表纹饰有饕餮纹、夔纹、云雷纹、曲折纹等，形制和纹饰很多都是仿自当时的青铜礼器，装饰花纹技法多为印花或刻花。刻纹白陶的原料选择和制作都比较精细复杂，在当时就是极为珍贵的工艺品，能够代表商代陶器的最高工艺水平。商代以后，由于瓷器的出现，白陶便迅速衰落了。

知识链接

陶衣

所谓陶衣，也可以说是一种彩，只是通体一色，没有图案而已，故又叫色衣。它是用一种能呈色的陶土原料，作成泥浆后，施于陶器坯体表面，与陶器一同烧成。陶衣有时和陶胎的颜色一致或类同，多数时候是不同的。陶衣有各种颜色，主要有红、橙、黄、棕、白等颜色。陶衣可以保护和改善陶器表面质量，尤其使器表光洁美观，陶衣衬底，再施彩绘，能使彩陶的艺术效果充分发挥和展现，因而被普遍采用。陶衣主要盛行于新石器时代，在发达的各新石器时代文化中广为流行，而且随着彩陶文化延续到青铜时代一些文化中，商代时期便逐渐不再使用陶衣。陶衣和彩陶一样，是烧成的，一般不易脱落。

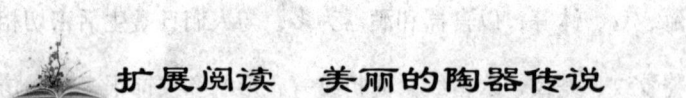

扩展阅读　美丽的陶器传说

陶器对于人类生活，可以说是太重要了，在越古老的时代，人们对它的依赖性也越强。陶器的发明年代也十分久远，陶器起源的真实历史，早已被人类遗忘，并蒙上了一层神秘面纱。在上古时代，便产生了许多关于陶器发明的神话传说，一直流传到古代，后来有的被古代文献记载下来，也有的是古人对上古传说加以附会的。人们经常提到的传说，大致有"神农耕而作陶""神农作瓦器""舜陶于河滨"或"宁封子为黄帝陶正"等，另外，"女娲抟土造人"也可以看作制陶的传说。

神农氏，是中国古史传说中的著名神话人物，是农神和医药神，又是陶神。传说他教民播种，又教民作陶，还尝百草治病于民。这是在《周书》中记载下来的。《周书》是一部很古老的文献，它记载周代的历史，但早已失散了，只能从后期别的文献引用的《周书》中，知道一点它的内容。

舜，是古史传说中的著名人物，是上古五帝之一。说他"耕于历山，渔雷泽，陶河滨，作什器于寿丘，就时于负夏"。这则记载见于《史记》，类似的文字还见于先秦诸子文献中。还有《考工记》说"有虞氏上陶"。据研究，舜属于原始社会末期的部族首领，他决不可能是发明陶器的人。但是舜在古人心目中有很高的威望和较好的形象，所以人们极为赞美他的功德。从前的陶工一般都供奉舜为窑神，把发明陶器的功劳归于舜。

宁封，是道教的神话人物，是一位神仙。说他是黄帝时候的人，曾于黄帝手下为官，主管制陶。后来宁封积火自烧，随烟气上升成仙。四川青城山的主治神仙便是宁封，在青城山也有类似的传说和记载。宁封子为黄帝陶正的传说见于《列仙传》。在《吕氏春秋》中又有"黄帝有陶正昆吾作陶"的说法。而女娲抟土造人的传说，并没有说到烧制，因而与陶器发明还有一点距离，但是多少也有些关系，而且这个传说反映的历史，代表了较早的年代。

以上这些传说，都还没有说到发明陶器的具体事情，并且没有多少真实

的成分，只能是古代人们对远古历史的一些追忆或附会。看来，陶器的历史实在是太古老了，太久远了，古代人已对它淡漠不清，人们只好把作陶的始祖归附于神话传说中的神或圣人身上，以表示对制陶第一人的敬仰和感激之情。

第四章

蒸蒸日上
——百业并举的繁荣时代

夏、商、周三代是中华文明初步定型的时期，又是中国优秀的传统文化和古老文明形成特色、走向繁荣的时期。从夏朝的建立到商周中华文明的辉煌灿烂，中华民族发生了伟大的历史变革，创造出惊人的文化成就，在生产方式、社会结构、思想文化各个领域，开拓出中华民族独特的历史发展之路。

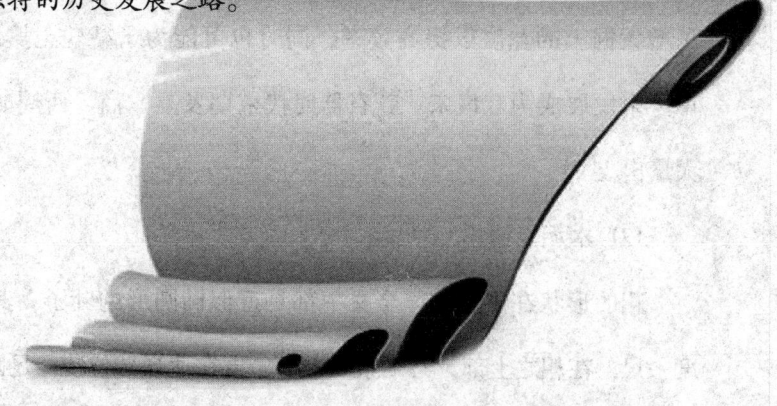

农业器具的青铜使用

与新石器时代末期相比较，三代时期的农具材料增加了青铜，品种增加了中耕、除草农具，其他只是在过去基础上有所改进。

1. 整地农具

（1）木耒、铜耒

关于耒的形制标准，据古文献记载："车人为耒，庛尺有一寸，中直者三尺有三寸，上句者二尺有二寸。自其庛，缘其外，以至于首，以弦其内，六尺有六寸，与步相中也。坚地欲直庛，柔地欲句庛，直庛则利推，句庛则利发，倨句磬折，谓之中地。"这里要说明的是，凡是耒之尖都是斜尖，直尖的农具只是尖头木棒，不能称为耒。

据考证，耒为尖头木棒揉曲而成的农具，庛为耒下前曲部分。后来为了增大掘土的宽度以提高效率，同时也可能为了减轻土壤对工具的阻力，单齿耒发展成为双齿耒。新石器时代末期及夏、商、西周时期的双齿耒已大量出土。

（2）木耜、铜耜

耜的形状在甲骨文、金文中都是近似椭圆形的叶子，其宽度五寸，长度一尺，在耜之上部，必须系以木柄，再在适当部位装一足踏横木。关于耜的制成材料，据文献记载均属木质。而当时华夏居住的黄河中下游即中原地区，被疏松肥沃的黄土所覆盖，为大量使用木质农具提供了方便条件。到西周，出现了金属耜头或耜套。

可知耒与耜是中国原始及奴隶社会的两种不同农具。耜如同斧、锛，必须安装上木柄。耒、耜的木柄都有足踩的横木，操作时足蹴手压，直刺入土。有人认为，耒为殷商农具，耜为西周农具，这种看法并不准确。商也有耜，西周也有耒。在成书于春秋战国之际的齐国官书《周礼·考工记》中，既记有耒，也记有耜，由此可见，在当时即在"东土"的齐国也不仅有耒，而且有耜。

(3) 铜犁

继石犁之后，到商、西周已出现铜犁，出土的商铜犁，近等腰三角形。宽体，两侧薄刃微弧，正面中部拱起，背面平齐，形成截面为钝三角形的銎口，两面均有纹饰，銎正中有一孔。长 9.7 厘米，肩阔 12.7 厘米，銎高 1.6 厘米。商、春秋铜犁，形制与前近似，但右侧残缺，边长 13.5 厘米，上端宽 14.5 厘米，重 400 克，底面二孔，可以用钉或木楔把犁头固定在犁底木上。犁面有明显使用磨损痕迹。传世的周犁，三角形，正面铸有饕餮花纹。但从总体看，铜犁之遗世数量极少，估计当时未能普遍使用。从当时的社会形态看，犁之拖动可能用人力。

2. 中耕除草农具

在原始农业阶段，中耕除草的必要性与可能性都不大，到夏、商、西周之后，由于垄作日渐普及，出现条播，在农事活动中出现中耕除草，而适应这种需要的农具就称钱、镈，如"命我众人，庤乃钱镈，奄观铚艾""其镈斯赵，以薅荼蓼"，可见，钱、镈都是金属所制作的中耕农具。在出土文物

中，有名为铜铲者，其实是"钱"，镈是后拽式中耕除草农具。镈器曾为西周青铜农具的统称，产地在南方。在西周以前，包括青铜钁，西周晚期至东周，则主要为金属锄、镈、钱。镈的出现，表明我国古代

杵臼

农业开始从粗放向精耕细作演变。

3. 收获农具

（1）铜镰

形制如石镰。在《农书》中，对矩镰之描述如下："镰，刈禾曲刀也。"《释名》曰："镰，廉也。薄其所刈，似廉者也。又作'鎌'。"《周礼》："'薙氏'掌杀草，春始生而萌之，夏日至而夷之。"郑玄谓："夷之，钩镰迫地芟之也，若今取荄矣。"《风俗通》曰："镰刀自揆积刍蕘之效。然镰之制不一，有佩镰，有两刃镰，有袴镰，有钩镰，有镰柯之镰，皆古今通用芟器也。"

（2）铚

石刀演化为金属刀，在古文献中被称为"铚"，如"奄观铚艾"。"铚，获禾穗刃也。《管子》曰，一农之事，必有一椎一铚，然后成为农。此铚之历见于经传者如此，诚古今必用之器也"。

4.谷物加工农具

此时杵臼已代替石磨盘普遍使用，操作时虽费力，但效率远高于石磨盘，杵臼的材料有：木杵土臼，木杵木臼，木杵石臼，石杵石臼。其后到商、周，杵臼已经普遍使用。此外，还有玉杵臼、铜杵臼，西汉有铁杵臼，是加工药物的工具。

知识链接

铜钁

到商、周已有青铜钁代替石钁。锄、钁二物在使用中出现较早，但在文献中则出现较晚（以前可能归入"镈"类）。春秋时期文献中有"恶金以铸鉏、夷、斤、属，试诸壤土"。其中"鉏"即"锄""属"即"钁"。"锄"往往作为横斫式挖土工具之统称，与钁同类之农具还有"镐""镢"等。

夏、商、周时期的养猪业

新石器时代，猪已经被广泛养殖，并作为财富的象征，这一趋势在夏、商、西周时期，依然延续并继续发展。夏、商、周时期，是中国历史衔接新石器时代和秦汉的重要时期，持续时间大约2000年，但是由于文字记载的缺乏，今天的人们很难清楚地了解当时养殖业的情况，一些考古发现也不

可能系统地展示养猪业的基本情况。我们在这里只能利用有限的文字和考古发现来重现当时养猪业的历史片段。

关于夏代的养猪业，由于相应文字记载极少，我们无法知道当时非常具体的养猪业情况，不过和新石器时代一样，从有关的考古发现中，可以部分地了解当时养猪业的某些概况。

在夏朝，据《历代职官考》（卷三）称，当时有一个"牧正"的官职，任此职的官员的工作可能涉及畜牧乃至养猪之事宜。考古工作者发现了一系列夏代的猪骨骼，夏代出土的猪骨骼既不能与此前的新石器时代相比，也不能与后来的商代相比，这可能与考古发现的局限性有关，并不表示夏代的养猪业发展突然停顿下来。

商、周时期，甲骨文中已经出现了"豕"（见《铁云藏龟》补遗）字，这可能是关于猪最早的文字记载。《历代职官考》（卷三）认为，商朝和夏代一样，也设有"牧正"的官职，这个职位是用于管理养猪的，可见当时养猪已经被提到非常高的位置，养猪的主要目的是给宫廷提供肉食。

商代农家饲养猪的情况，目前还没有直接的史料可供了解。商代的宫廷养猪情况，由于某些文字记载，我们可以知其一二。商代王朝宫廷养猪业的发展不受农业是否发达等因素的影响，对于当时的商王来说，有足够的能力来饲养猪用于提供肉食，以满足其奢侈的生活，所以才会有"酒池肉林"一词出现。在奴隶主贵族的祭祀中，猪在其中所占的比例和新石器时代一样也是很高的。可能是因为"以多为贵"来表示祭祀时的虔诚程度的缘故，大凡成组的祭牲活动，一般都会用猪。商代往往是马、牛、羊、猪，或者牛、羊、犬、猪和羊、犬、猪成组地互相搭配。周代的"太牢"用牛、羊、豕三种家畜，"少牢"则用羊、豕两种家畜。两者都有猪在其中担当主要角色。至春秋时期，一般低级的贵族和士阶层，往往以"特豕""特豚"来祭祀，猪的使用相当普遍。

关于商代猪的品种特征，也没有相关的记载，所以目前很难了解当时猪的体形。不过从出土的文物中，我们可以间接了解一些情况。其中出土于湖南湘潭的一个猪尊，是一个难得的间接证据。1981年年初，湖南湘潭市船形山出土了一件商代晚期的豕尊，这件青铜的豕体型巨大厚重，长72厘米，通高40厘米，重达约40公斤。猪形塑造得十分逼真，通体布雷纹、兽面纹、鳞甲纹等，刻镂深沉，线条刚劲洗练，既是一件精美的祭器，又是一件优美的雕塑艺术品。据相关专家研究认为，这只豕尊所表现的是一只雄性野猪种。其依据是："猪两眼圆睁，平视，两耳招风，湖南湘潭出土的商代晚期的豕尊嘴上翘，微张，犬齿尖长。背上鬃毛竖起。四肢刚健，臀、腹部滚圆。"并指出其"活灵活现地塑造了一个膘肥体壮、孔武有力的野公猪形象"。但也有人认为，从这件豕尊中体现出来的信息，有可能塑造的是家猪的形象。理由如下："第一，野猪为了生存的需要，神经系统、头脚和前驱必须特别发达，因此野猪的前驱比较大，中驱的体幅较狭窄，后驱较瘦削，鬃甲明显高于臀部。然而这件豕尊，背部平直，中驱较宽圆，后驱较丰满，正是家猪的体貌和结构的特征；第二，由于上述原因，野猪的头部较长，头和体长的比例是1:3，有时甚至于要超过此比例，然而这件豕尊的猪头长度并不及其体长的1/3；第三，野猪的头脸强大伸直，嘴部尖细，头部整个像圆锥体，这是由于经常掘食地下植物和进行抵御外敌侵犯所致。而这件豕尊的头部脸略有弯曲，而且嘴筒粗短，这些都是家猪的征象。"因此有人认为，从这件豕尊中看到的是一个老年的雄性公猪的形象。

实际上，这只商代的豕尊，与其他的兽尊有着不同的地方，除了体形巨大而厚重外，它的前后肘部横穿一对圆管，推测是用于贯穿绳索，便于抬动，因此它可能是用于祭祀的。祭祀用猪是古代经常的事情，随着农业生产的发展，大家畜如牛成为重要事件的祭祀物，但是日常的祭祀仍然用猪。而古代常如《礼记·月令》中所说"牺牲毋用牝"，因此一般情况下，祭祀需要用雄性的家猪。《礼记·杂记》说："凡宗庙之器，其名者成，则衅之以豭豚。"因此需要经常用公猪来祭祀。虽然家猪是易得之物，但是雄性的公猪并不易得，因为当时雄性的猪除了用作种用外，大多被阉割用作肉用。所以日常生活中难以保有大量的公猪，于是当时的人们就用青铜铸造出一个公猪的形象，用来替代活的公猪，以作为祭祀之用。从这一点来说也可以知道该豕尊是以家公猪的形象为模型的，从而也就大致了解当时的公猪形象。

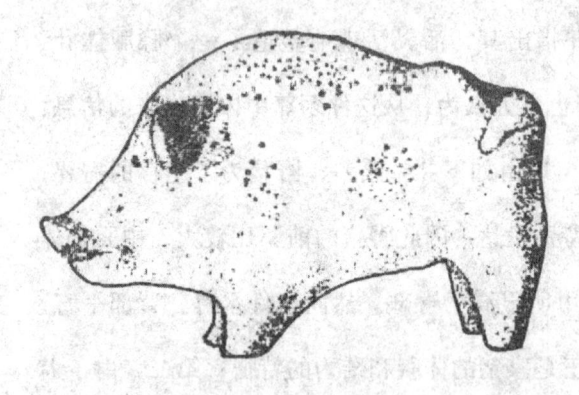

除了上述商代的猪尊外，考古工作者还在黑龙江省牡丹江市莺歌岭，发现了商代的陶猪13件，从中也可以间接推断出当时家猪的大致形象。

从这些陶猪中，我们可以间接地知道当时猪的形象和野生的猪差别并不大。

商朝被周人取而代之，中国历史进入西周时期。周

黑龙江省牡丹江市莺歌岭出土的陶猪

人的祖先后稷原来生活在今天的陕西一带，几乎在商朝建国的同时，后稷就在今天关中一带从事农业生产。周人在克商之前，社会经济与文化的发展程度虽然不及商人，但是农业经济已经占居

云南出土的战国时期的铜猪

优势。而一般来说，养猪事业的兴起和发展，与农业生产的发展有着密切的联系，农业发达往往意味着养猪事业要发达一些。所以由于周人农业相对于商人来说要发达一些，自然为养猪业的发展提供了有利的条件，养猪的家庭自然会多。周代关于养猪的记载也逐渐多起来。

夏、商、周的渔业文明

夏、商、周时期的捕捞渔业有了巨大的进步。这种进步首先表现在捕捞工具的发展上。归纳起来，可以分为网渔具、钓渔具和杂渔具三大类。

1. 网渔具

渔网（古称网罗）始自原始社会。人们利用植物纤维编织渔网，张捕或拖捕鱼类。夏文化遗址出土有网坠。殷墟甲骨文"渔"字，象征双手拉网捕鱼。到周代，渔网因捕捞水域和捕捞对象的不同，已有不同的名称。一种大

型渔网名罛，是专捕鳣鲔（鲟鳇鱼）等大型鱼类的。一种中型的渔网名九罭，这种网具的尾部有许多小袋，后世也称百袋网，是用以捕捞赤眼鳟和鳊等鱼类的。另有一种小渔网名汕，用以捕捞小鱼。夏、商、周三代的渔网，都已腐烂消失，至今未见遗物出土，但《诗经》中对以上各种网具都有明确的记载。从周代使用的纤维材料来看，主要是麻。《诗经·陈风》曰："东门之池，可以沤麻。"麻已经开始使用。

2. 钓渔具

1952年，河南偃师二里头早商宫殿遗址出土一枚铜鱼钩。这一枚鱼钩钩身浑圆，钩尖锐利，顶端有一凹槽，用以系线。从制造技术看，已有较高的制作工艺（这是我国出土的最早期金属鱼钩）。到春秋时期，随着铁器的出现，鱼钩又开始改用铁制。周代对钓竿、钓线、钓饵以及浮子等构件，都很重视。钓竿选用长而坚挺的竹竿。钓线早期使用植物纤维，周时改用丝线，丝线轻而拉力强，有很好的使用效果。《诗经·召南》曰："其钓维何？维丝伊缗。"《列子·汤问》记有"詹何钓鱼"的寓言故事，其中说到詹何钓鱼"以独茧丝为纶"。钓饵也很受重视，一般选择鱼爱食之物，如米粒。此外，浮子也是钓具上的重要附属物，通常使用桔梗等植物，也使用羽毛。

3. 杂渔具

杂渔具是指网、钓以外的各式渔具，带有较强的地区性。夏、商、周三代使用的杂渔具很多，有鱼叉、弓箭、鱼笱、罩等多种。鱼叉开始用骨木制作，后来逐步改用铜铁制作。弓箭的使用和原始社会相同，既是武器，又是捕鱼和打猎的工具。殷墟甲骨文"王弜渔"，即指用弓箭射鱼。周代使用弓箭射鱼的记载很多。如《春秋》诬鲁隐公"矢鱼于棠"，说明当时使用弓箭射鱼相当广泛，已经形成这样的概念：一般捕鱼均称"矢鱼"。鱼笱是一种捕鱼竹笼，口部装有倒须，放置在鱼类洄游通道上，鱼能进不能出。《诗经·齐风·敝笱》曰："敝笱在梁，其鱼鲂鳏。"罩也是一种捕鱼笼，以竹或荆条编制而成，它的作业方式与笱不同，捕鱼时由上向下罩捕鱼类。梁是一种捕鱼设施，在河渠上筑一梁（水堰）拦水，梁上开一缺口，承以鱼笱，鱼顺水从梁流下，落入笱中。

周代还曾出现一种叫潜的渔法。它将柴木置于水中，引鱼栖居其下，围而捕取。

值得注意的是，唐代文学家陆龟蒙为渔业写过十五首渔具诗，并作有一篇序文。陆诗反映的内容，当然是唐代江浙太湖流域的渔具渔法，但其序文有曰："皆出于《诗》《书》、杂传，及今闻见，可考而验之，不诬也。"就是说，陆诗中所写的大部分渔具，早在周代就已经出现了。陆龟蒙诗和序文中谈到的渔具，有翼、罾、罛、罩、筌、筒、车、笱、猎、叉、射、沪、椮等等。

周代，海洋捕捞技术也有相当大的进步。《管子·禁藏》曰："渔人之入海，海深万仞，就彼逆流，乘危百里，宿夜不出者，利在水也。"

由于捕捞工具的改进，周代的捕捞能力明显提高，当时捕捞的有淡水鱼类，也有海洋鱼类，不仅能捕中上层鱼类，而且也能捕到少数底层鱼类。体型有中小型的，也有大型的。据《诗经》记载，当时捕食的鱼类有鳣（中华鲟）、鲔（白鲟）、鲤、嘉鱼（白甲鱼）、鳏（鲅）、鳟（赤眼鳟）、鲂、鳐（红鳍鲌）、鲦（鳘条）、（鲢）、鳠（黄颡鱼）、鲨、鳢（乌鳢）13种。稍后的《尔雅·释鱼》，记载的鱼名更多，达22种，说明捕捞的范围在继续扩大。

知识链接

姜太公钓鱼——愿者上钩

商纣暴虐，周文王决心推翻暴政。太公姜子牙受师傅之命，下界帮助文王。但姜子牙觉得自己半百之龄，又和文王没有交情，很难获得文王赏识。于是在文王回都途中，在河的一边，用没有鱼饵的直钩钓鱼。大家知道，鱼钩是弯的，但是姜子牙却用直钩（那其实也不能叫钩了），不用鱼饵。文王知道了，觉得这是奇人（古代人对奇人都很尊敬的），于是主动跟他交谈，发现他真是个有用之才，于是招入帐下。后来，姜子牙帮助文王和他的儿子推翻商纣统治，建立了周朝。

雕花木漆器及骨器牙器

漆器是中国古代的一项重要发明，根据考古发现，早在新石器时代已经发明了漆器。商代，由于青铜手工工具的广泛使用，使木器和漆器的制作有了很大的发展，可以雕刻出精美的花纹。但是，木漆器易朽，不易保存，发现很少。在湖北黄陂盘龙城及安阳殷墟奴隶主贵族墓葬中都发现了雕花木椁板的痕迹。在偃师二里头出土了商代早期的漆器。在河北藁城台西出土了商代晚期的漆盘、漆盒残片，薄板木胎上雕刻有兽面纹、夔纹和云雷纹等，上漆朱红地黑花，有的花纹上还嵌有绿松石。在安阳殷墟还出土了商代晚期的漆豆、漆罍等，上饰兽面纹、圆涡纹等，有的漆器上还镶嵌有蚌壳、蚌泡及玉石等。

北京琉璃河1043号西周墓地出土的兽面凤鸟纹嵌螺钿漆罍，木胎，挖制辅以斫制。复原尺寸通高54.1厘米。此罍有盖，侈口，折肩，腹微鼓，圈足，有耳，以朱漆为地，施以褐彩，装饰最为繁缛，通体的花纹均以蚌片镶嵌和彩绘组成凤鸟纹带、圆涡纹带和兽面（饕餮）图案。器盖因出土时被压，仅保留一半。其上有两个用蚌片镶嵌的木雕兽头，有眼、角、耳。估计原器盖上应有四个兽头，兽头之间有圆涡纹。颈部为用蚌片和彩绘组成的凤鸟纹带。肩部和上腹部均为用蚌片镶成的圆涡纹和漆绘花纹带。下腹部为蚌片和漆绘构成的饕餮纹。兽面纹形象十分突出。圈足之上镶嵌着多组长方形蚌片，间以长方条形漆绘。器耳仅有一个保存较好。每个器耳为两只由蚌片镶嵌和彩绘构成的带冠凤鸟，大鸟在上，小鸟在下，鸟喙向外。这件漆罍基形体高大，堪称迄今为止年代最早的螺钿漆器之一。其蚌片表面光滑平整，边缘整齐，蚌片之间接缝十分紧密。可见当时的填嵌技法已达到相当高的水平。它的出土为研究西周的螺钿漆器工艺提供了实物资料。

商代的骨器在生产与生活中也占有一定的地位，主要有用于狩猎或战争的骨镞，用于束发的骨笄以及生活用品骨锥、针、梳等。值得注意的是，在郑州商城东北部宫殿区的一条濠沟中发现近百个被锯开的人头骨，并在距此不远的商城北墙外商代制骨作坊中发现了大量的人肢骨与肋骨，这些都属于制作骨器的原料，深刻地反映了奴隶社会的残酷。此外，制作骨器的原料还有牛骨与猪骨等。制作骨器的工具有青铜刀、锯、钻以及磨制骨

器的砂岩砺石等。

锋利的青铜工具的使用，又使商代的牙雕工艺也达到了很高的水平。郑州白家庄商代中期墓葬中曾出土象牙觚和象牙梳。安阳殷墟商代晚期妇好墓出土的三件象牙杯，系用中空的象牙根段制成。其中一对夔鋬杯，高30.5厘米，杯身细高似觚，通体雕刻兽面纹等，并嵌以绿松石。另一件是带流的虎鋬杯，都是不可多得的珍品。

此外，在商代遗址中还出土有鹿角、蚌刀、蚌镰等。

商代的骨器

初露端倪的建筑文明

　　文献记载周文王建都于丰，在今陕西长安沣河西岸；武王建都于镐，在今长安沣河东岸。新中国成立以来考古工作者在沣河两岸进行了大量的考古调查与发掘工作，初步确定丰邑的中心地区在沣河中游偏北，北至客省庄、张家坡，南至西王村、冯村，东至沣河，西至灵沼河，总面积约 6 平方公里。在这里发现了一些宫殿建筑基址，铸铜、制陶、制骨器等手工业作坊遗址及贵族墓地。例如，1983—1985 年在沣西马王村及客省庄发现的十几处夯土建筑基址，其中四号建筑基址，平面为 T 字形，东西长 61.5 米，

　　西部最宽处为 35.5 米，东部残宽 27.5 米，总面积达 1826.96 平方米，是目前已发现的最大的一座西周建筑基址。关于镐京，现已查明其中心地区在沣河东岸洛水村、上泉北村、普渡村、花园村和斗门镇一带，其中一部分被汉武帝在元狩二年（公元前 121 年）修昆明池破坏了，现存面积约有 4 平方公里。在洛水村也发现了一些大型建筑基址。

　　周人兴起于今陕西扶风、岐山两县交界处的岐山以南的周原，新中国成立以来，在周原地区发现了一些重要的宗庙宫殿建筑遗址。1976 年在岐山凤雏村发现的一组西周时期的宫室或宗庙建筑基址，坐北朝南，

前后两进，全部坐落于夯土高台基之上，南北全长45.2米，东西宽32.5米，面积约为1500平方米。南面正中是大门，门道宽3米，东、西两旁为房屋（东、西塾），大门外南边有影壁（屏）。进大门后是一个大的庭院（中庭），东西长18.5米，南北宽12米。庭院北面是一座殿堂，是这组建筑的主体建筑，面阔6间，长17.2米，进深3间，宽6.1米。主体建筑之后是一个小庭院，又被中间一条宽约3米的过廊分为东、西两个各8平方米见方的小庭院。

后庭之北为最后的一座建筑（室），面阔5间，东西长23米，南北进深3.1米。在大门、主体建筑至最后面建筑的东、西两侧各有一排厢房，各有8间，进深2.6米，宽4.2米至6.2米。这样就由大门、东、西厢房及后室组成了略呈"回"字形的封闭式建筑，将主体殿堂包围于中心，布局规整严谨。与《仪礼》等古代文献记载的"前堂后室"或"前朝后寝"制度相符合。房屋的墙壁用夯土筑成，一般厚0.58米至0.60米，地面及墙面均抹以由细砂、白灰和黏土混合而成的"三合土"，平整而坚硬。

瓦的发明和使用是建筑用材和技术上的一个很大的进步，根据考古发现，西周以前房屋的屋顶全部用茅草覆盖，即文献所载的"茅茨土阶"（《吕氏春秋·恃君览》）。西周初期开始出现了瓦，最初数量少，可能仅用于覆盖屋脊。到了西周晚期，瓦已大量出现和使用。1976年，在扶风召陈村西周晚期宫殿建筑基址上发现了大量的板瓦和筒瓦，有的筒瓦还带有半圆形瓦当。在瓦的背面或正面，出现用以固定位置的瓦钉或瓦环。在长安沣河东岸洛水村发现的西周晚期的大板瓦，长约45厘米，宽约30厘米。这些都说明到了西周晚期屋顶已大部分用瓦覆盖，已能较好地解决屋顶的防雨问题。由于屋顶用瓦，使屋顶的重量大增，这就促使中国古代建筑的梁架结构及柱础发生了重大变化，在扶风召陈村发现的西周晚期的建筑基址的柱子加密、柱础加大及加固就是证明。

知识链接

商代二里头宫殿

河南省偃师县二里头村，是二里头文化的典型遗址，年代约为公元前1900年—公元前1500年。在二里头遗址发现了迄今所知中国最早的宫殿建筑基址，反映了早期封闭式庭院的面貌。

这座宫殿遗址，坐落在二里头遗址的中部，面积约1万平方米，坐北向南，下面有台基，台基上面是由一个单体的殿堂、廊庑和门庭等单体建筑所组成的一个建筑群。中部偏北是殿堂，堂前是平坦而宽阔的庭院，南面有敞阔的大门，四周有彼此相连的廊庑。院南沿正中有面阔8间的大门一座，在东北部折进的东廊中间又有门址一处。庭院北部有一座殿堂，坐北朝南。遗址未发现瓦件，屋顶覆盖茅草。《考工记》和《韩非子》都记载先商宫殿是"茅茨土阶"，殿顶是"四阿重顶"（后世称为"庑殿顶"），这一直是中国建筑最尊贵的屋顶形式。

精美的玉石器

夏代，作为中国历史上的第一个国家，其玉器也颇具特色。就现有的考古资料看，夏代玉器以玉钺、玉斧、玉刀等象征性兵器为特色，而其工艺、造型很多方面都继承了龙山等新石器时代晚期的玉器成就，同时，这些玉兵器等典型器物在造型、纹饰等方面又与商代早期玉器极为相似，夏代玉器在中国玉器史上具有承上启下的作用。

在商代，虽然青铜工具已经广泛使用，但是，石器仍然在生产中大量使用，石铲、石镰、石斧等在生产中仍然发挥着重大作用。此外，安阳侯家庄西北岗 M1001 王陵出土的白色大理石虎首人身踞坐雕像，背后有槽，可能是木柱旁的装饰。还有安阳武官村大墓出土的商代晚期的虎纹石磬，长 84 厘米，宽 24 厘米，厚 2.5 厘米，悬挂敲击，声音清脆，是一件精美的乐器。

在原始社会已经产生并有一定发展的玉器，到了商代有了很大的发展，大量精美的玉器也是商、周青铜文化的一项重要内容。此时，玉料基本上已是新疆和阗玉。大部分是青玉，以绿色为主，还有少量的白玉和青白玉，均属透闪石、阳起石软玉。安阳殷墟妇好墓一座墓就出土了玉器 755 件，主要有圭、琮、璧、璜、玦、瑗、环等礼器，钺、戈、矛、戚、大刀等仪仗用品、笄、柄形器及各种佩饰等。其中各种圆雕或平雕的人物以及虎、象、熊、龙、鸦、鹰等动物形象尤其生动，线条流畅，表明琢玉技术与抛光技术均已达到了相当高的水平。其中一件站立的双面玉人，淡灰黄色，高12.5厘米，宽4.4厘米，厚1厘米。裸体，头上有双角，一面为男性，一面为女性，是这一时期玉器的代表作。

西周用分封和礼制维系统治，礼制中的各阶层在器用上的等级制度也体现在玉器上。出现了体现等级和礼制的组玉佩等礼玉。但严格的宗法制度、礼制观念和等级制度，使玉器失去了商代晚期生动活泼的气息，略显呆板。葬玉在西周有了大发展，除玉玲、玉握外，出现了玉覆面，这也是礼制在葬玉上的反映。在制作技术上，西周玉器承袭商代的双线勾勒并进一步发展，开创一面坡粗线或细阴线镂刻的技法，制作出以鸟形玉刀和兽面纹玉饰为代表的典型西周玉器。

扩展阅读　丝织品的初步发展

中国是世界上最早饲养家蚕、缫丝和纺织丝绸的国家，并且在古代一个相当长的时期内又是唯一一个养蚕织丝的国家，这也是中国古代人民对于世界文明的重大贡献。根据考古发现，中国古代早在新石器时代已经出现了养蚕丝织。1926年，山西夏县西阴村仰韶文化遗址出土了一个半割

的蚕茧。1958年，浙江吴兴钱山漾新石器时代晚期良渚文化遗址出土了盛在竹筐中的丝线、丝带和片等。经鉴定，是用家蚕丝织成，绢片系平纹组织，经纬密度每厘米48根。到了商代，尤其是商代晚期，蚕丝业已经有了一定的发展。甲骨文中已有蚕、桑、丝、帛等字。1953年，河南安阳大司空村商代墓葬中出土了形态逼真的玉蚕，长3.15厘米。在一些青铜器上还留下了当时丝织品的残痕。例如在殷墟妇好墓出土的青铜器上附有绢、罗、绮的遗痕。从发现的菱形花纹绮来看，当时已有了具有简单的提花装置的织机。

到了西周时期，丝织业有了进一步的发展，《诗经》中有许多讴歌采桑养蚕的诗篇，如《豳风·七月》曰："春日载阳，有鸣仓庚。女执懿筐，遵彼微行，爰求柔桑。"1974年，考古工作者在陕西宝鸡茹家庄西周时期的墓葬中发现了许多造型生动的玉蚕，大的长约4厘米，小的长约1厘米。在青铜器上或淤土上又发现了许多丝织品的印痕，有的三四层叠压在一起。大多为平纹组织，也有山型纹图案的提花织物，也应是用提花织机织造的。尤其引人注目的是，发现了鲜艳的朱红和石黄两种颜色的刺绣印痕，花纹舒卷自如，采用的是辫子股绣的针法，技法娴熟，针脚均匀整齐，其颜色是在绣后平涂上去的。

第五章

抱布贸丝
——三代的经济文明

商业是在生产力发展到一定水平,有了社会分工和生产物的剩余之后,才逐渐产生的。其初始的萌芽状态是生产者之间直接的物物交换,后来才有发展了的交换形式——商业。夏、商、周时期就已出现了抱布贸丝的商业现象。

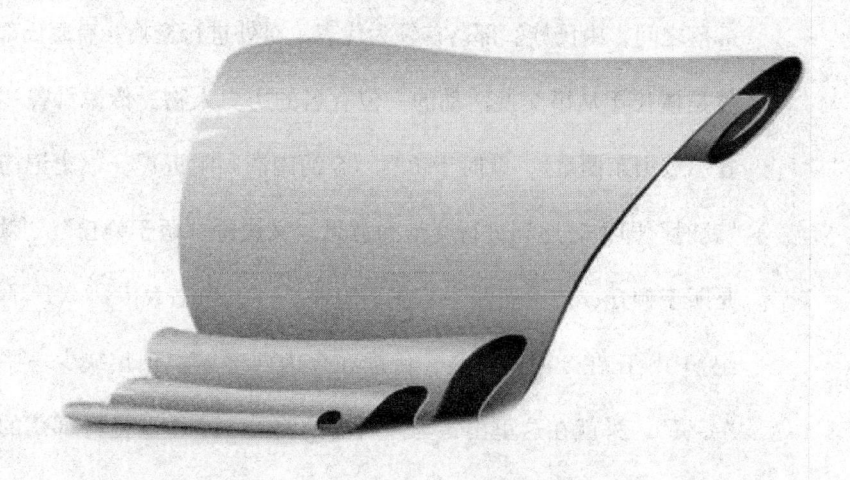

古老的物物交换

最早的交换发生于原始社会。距今六七千年前，河南、甘肃、陕西属于早期仰韶文化的村落遗址中都有产于沿海的海贝发现（装饰用），这就是自外地交换而来的物证。当时的交换尚带有偶然性。至距今 5000 年的原始社会晚期，畜牧业与种植业分工，手工业（制陶、红铜）也相继与农业分离，交换相应扩大。《易·系辞下》所说："神农氏作……日中为市，致天下之民，聚天下之货，交易而退，各得其所。"即表示交换已比较常见，并且有了比较固定的时间和场所。古书中还有"因井为市"的传说，交易常在井旁进行，以便于汲水将货物洗净，供人畜饮用。所以后世常把"市井"连称。

交换初期，发生在生产门类、自然条件不同，而拥有不同产品的氏族、部落之间，由氏族、部落首领为代表，对外进行交换。有虞氏部落的首领舜就是擅长于从事交换活动的一位有名的历史人物。传说舜曾"作什器于寿丘（今山东曲阜），就时于负夏（今河南濮阳附近）"（《史记·五帝本纪》）。"就时"即乘时逐利进行交易的意思。又说舜"贩于顿丘""顿丘买贵，于是贩于顿丘，传虚卖贱于是债于传虚。"（《尚书大传》《尸子》《帝王世纪》）顿丘在今河南浚县，传虚在今山西运城。顿丘缺少一些物品，所以"买贵"，舜就在这里出售为人所需的物品——主要是舜部落的特产，上好的陶器，以及其他"什器"；而传虚方面有些产品很多，所以"卖贱"，舜在那里以赊购（债）方式收进那些产品——主要是河东的池盐。舜利用两地东西的贵贱，从中获利。为了掌握河东池盐，舜在当上尧的继承人后，把政治中心迁于靠近盐池的蒲坂之地。今蒲坂城中尚有舜庙。舜在位时更是花力气发展食盐生产。相传舜作五弦琴，曾弹琴，歌南风之诗："南风之薰兮，可以解吾民之愠兮（愠，愁闷）；南风之时兮，可以阜吾民之财兮。"夏季薰风及时南来，池盐就自然结晶，部落的财富就可增多，素稔食盐交换之利的舜，对池盐生产的好坏当然要付以极大的关心了。

舜命禹治洪水，禹曾设法组织粮食在地区间的调剂，通过交换以解决洪灾后人民的生活问题。《尚书》记载禹所说的"懋迁有无化居，烝民乃粒"，即指此事而言。懋（贸）迁即贸易；化居，"交易其所居积"，即以其所有，易其所无，"调有余相给"；烝，众多；乃粒，乃有粒食（粮食）。后世称作生意为"懋迁有无"即源于此。

古代钱币的出现

"钱币"一词有广义与狭义之分：广义的钱币泛指一切专门制造发行的、充当一般等价物的特殊商品，主要有金属铸币和纸币，还包括厌胜钱、供养钱等。但贝、龟、珠、玉、石、骨、蚌、皮以及牲畜、粮食、布帛等不

是专门制造发行的所谓自然物商品货币，一般不属于钱币的范畴。狭义的钱币仅指作为货币主体的金属铸币，现代钱币学界一般持这种看法。

在《诗经·周颂》中，"钱"原指一种农具。在《国语·周语下》中，周景王要铸的"大钱"指铲形布币，再后来就引申出一般货币的含义。"币"在先秦原指用作礼物的帛，即"币帛"；或引申为礼物资财的通称，如"皮币""珪币"等。但《国语·周语下》所载周景王时单穆公所说的"币"也应指货币。"钱币"连称且指代货币，始于《汉书·食货志》载"议更钱币以澹用"。在中国古代，"钱币"就几乎是"货币"的代称，其使用范围很广。

中国的一部钱币史就是一部中国历史。早在公元前22世纪末，中国历史上第一个朝代夏朝建立，所谓"先秦史"，就是指夏朝和以后出现的商朝、周朝（包括西周和东周两个时期，而东周，又分为春秋和战国两个时期）。这一历史阶段是奴隶社会，属于农业经济。

夏朝时，农业生产技术比原始社会有所提高，聪明的先民们发明了节气和干支纪日法，农业生产工具已不再是石头制品，而是金属工具。西周实行井田制度。从那时起，畜牧业与农业逐渐剥离，畜牧水平、能力发展到较高的阶段。由于手工业逐渐发达，大批的奴隶被送入手工作坊进行生产，商业也开始兴起，已准许人们到远方贩卖货物，并有一部分人靠经商谋生（经商的人叫"商人"，这一个称呼，一直沿用到了今天）。当时商人的地位已经很高。到春秋时期，实行"均地分民"与"民民分货"的政策，极大地激发了农民生产的积极性，农业生产大大提高了，手工业也得到了发展，一切器物都变得精巧轻便，便于交换。生产工具和技术的进步，农业、手工业、交通的发展，促使商业得到了更广泛的发展，开始出现集市商业。社会经济和贸易的需要,造就了商品交换的等价物——钱币的出现。

知识链接

贝币

在我国远古时期,因为生产力低下物质极不丰富,所以一个部落或者一个家庭还没有多少剩余产品可以用来交换其他急需的用品,部落或家庭之间偶尔发生的交换活动也只是以物易物,当时根本没有货币也不需要货币。随着生产力的发展和社会的进步,社会物质财富也相对丰富了,人们物质生活中的需求不断的扩大,以物易物交换的方式已经越来越不能适应社会生活的需要了,于是人们便把贝壳作为交换的中介物。在新石器时代晚期,不知金属为何物的原始社会贝壳是最珍贵的物品了。贝是生长于热带、亚热带浅海的贝类,它小巧玲珑,色彩鲜艳,坚固耐用,而成为原始居民喜爱的一种装饰品,由于它大小适中,便于携带,便于计数等特点,随着社会经济的发展和商品社会的形成,贝作为交换的媒介就成为自然而然的事了,天然贝就逐渐充当了商品交换的一般等价物的职能。贝币的计量单位是"朋","朋"的古字本义是指一串或两串相连的"贝",后来逐渐演化成计量单位。一般多认为两串五个的贝或两串十个的贝为"一朋"。

最早出现的财物摊派

据史家分析，中国在黄帝时期已出现国家雏形。《通典》说："昔黄帝方制天下，立为万国。《易》称首出庶物，万国咸宁。"所谓立为万国，当指组成强大的部落联盟。自颛顼至帝喾，都说"统领万国"；至于禹，"涂山之会，亦云万国"。数百年间，相互兼并，联盟圈子越来越大，势力越来越强。"天下有不顺者，黄帝从而征之，平者去之，披山通道，未尝宁居。东至于海，登丸山，及岱宗。西至于空桐，登鸡头。南至于江，登熊、湘……迁徙往来无常处……"为此，建都城、置百官、封泰山，以告成功。就是说，当禅让制被权势者破坏之后，氏族公仆成了氏族的主宰；为部落成员服务的公共事务机构也逐渐演变为统治（压迫）氏族成员的专政工具，这时，氏族成员之间的经济（财物）分配，也开始发生变化。

多数学者认为，在国家出现以前，是没有赋税征收制度的。据《抱朴子·诘鲍》所载，古无君臣之时，"夫身无在公之役，家无输调之费。安土乐业，顺天分地"。这应该说的是父系氏族社会初期的情况。到了父系氏族社会后期，随着社会生产发展速度加快，部落联盟的出现和部落间战争的多发，公共事务的增加，为氏族的生产、生活和安全服务的专职人员逐渐脱离生产劳动。他们为公共事务而造成的劳动损失，必然要从氏族成员的剩余产品中得到补偿。恩格斯以欧洲为例，论证此事。他认为在野蛮时代高级阶段，到处都有氏族首长议事会，"正像在易洛魁人那里一样。氏族首长已经部分地靠部落成员的献礼如家畜、谷物等来生活"。

据史籍记载，财政的征收，最早是发生在对周边部落方国的关系上："轩辕之时，神农氏世衰……于是轩辕乃习用干戈，以征不享，诸侯咸来宾从。"《索隐》"谓用干戈以征诸侯之不朝享者"。据《食货典》载，黄帝时，南夷乘白鹿来献（祭祖用酒），《瑞应图》说是献褐裘。

又载"帝尧五载，南夷越裳氏来朝献大龟"。同一事，按《述异记》为"陶唐之世，越裳国献千岁神龟，方三尺余，背上有文，皆蝌蚪书，记开（辟）以来，帝命录之，谓之龟历"。

上述献酒、献衣、献龟，还杂有神话传说。应该说，贡献之事，恐并非虚构，后世亦有以此为献的。这也从另一个侧面说明，黄帝（轩辕氏）继神农之后成了部落联盟的首领，不仅在联盟内部征收，还吸引（迫使）远方部落来贡献。可以推定，贡始于黄帝时期，在舜禹时期得到了较快的发展。

对本氏族成员的生产成果，部落首领也有参与分配

神农雕像

的权力。据《路史》所说："神农之时，为民赋，二十而税一。"如果把这条内容理解为是在神农部落后期，生产力已有较大发展，这时让氏族成员每家拿出少量谷物（5%），以供氏族领导集团之用（包括公务），应是情理之中的事。

司马迁根据《五帝本纪》《夏本纪》，得出一条结论："自虞夏时，贡赋备矣。"贡赋即虞舜确立赋税制度，是在舜命禹治水成功之后。《尚书·禹贡》载："禹别九州，随山浚川，任土作贡。"按《尚书·禹贡》所记，洪水平定之后，"四海会同，六府（金、木、水、火、土、谷）孔修"，即农民安居下来，农业生产正常进行后，"庶土交正，底慎财赋，咸则三壤，成赋中邦"。即按各地生产情况，分上中下三等征税。当时所定田赋征收总的原则是因地制宜，任其土地所有以贡。具体到田土等级的确定，其原则是按土质肥瘠分高低、按地势高低分上下。对田赋等级的确定，除了土质好坏和地势高低等因素外，还要按人工的投入和收获的多少来定。如荆州之田，田质并不太好，属于下等田（九级中第八级），而田赋却规定为上等三级，这是因为农民勤劳耕作，投入多（"人功修成"）导致产量高，所以征收也多；相反，如雍州，田为上等，而田赋定为中下等（九级中第六级），注称是因"人功少"，可能还有别的原因，史书未载，不得而知。但总的税量是"付一而税"。

舜之"分田定税"，要求以土地生产向部落联盟首领作定量的贡赋，开了后世土地税的先河。

夏朝的建立，标志着中国第一个奴隶制国家的产生，也意味着赋税力役制度正式出现。一般认为，中国奴隶制的政体是宗法分封制，它在西周时臻于完备。宗法分封制"授土授民"，建立以井田制为主的土地占有关系，采取"公食贡、大夫食邑、士食田"的方式占有社会产品。夏、商、周采取的占有直接生产者的剩余劳动产品的方式有贡、役、税三种。

西周的商业文明

西周商业被列为"九职"之一，目的是通四方之珍异，主要为统治阶级服务。市场上主要商品不外是奴隶、牛马、珍宝等。奴隶制国家对市场有一套管理制度，规定体现贵族地位等级和权威力量的礼器和兵器不准入市；贵族买东西只能通过手下的管事和仆役人等去办，自己不能入市，以免有失身份。市设专职官吏——"司市"来进行管理，下面有分区管理，辨别货物真假的"胥师"、掌管物价的"贾师"、维持秩序的"司虣"、稽查盗贼的"司稽"、验证"质剂"（契约）并管理度量衡的"质人"、征收商税的"廛人"。《周礼》一书中对此有详尽的记载，官府管理市场是为了使交易规范化，防止偷抢欺诈等事件的发生，维护社会的秩序，保持物价的稳定，更好地满足统治阶级对"货贿六畜珍异"的需求。但也注意了度量衡是否公平，质量规格是否中式，对一般消费者也有好处。这套作法一直为后世所仿行，影响久远。

西周使用大量的铜铸造礼器、兵器、工具、农具和货币（仿农具的铜铸货币叫作"布"，《诗经》"氓之蚩蚩，抱布贸丝"，这个布即是布币），因

此对铜料的需要十分迫切。

"大赂南金""金道锡行"（《诗经·鲁颂·泮水》和曾伯簠铭），铜锡的交易或入贡向来是同南方（荆扬、淮夷）物资交流的主要内容。周昭王时，南方以楚国为首的方国部落起来反周，昭王率兵伐楚，中道中楚人之计（以胶船进王渡江，至江中胶解船沉），"卒于江上"，六师丧亡。这件事在经济上与争夺铜的资源有关，由此也可见，铜平时在交易中所占的重要地位。统治者对可作贵重饰物，兼充"上币"的美玉也极感兴趣。穆王时，犬戎势力强大，阻碍了周朝和西北方国部落的来往，穆王西征犬戎，重新打开了通向大西北的道路，"八骏日行三万里"，行踪直到今新疆中亚之地。这位大旅游家"载贝万朋"，换取昆仑（今和田、叶尔羌一带）的玉石，发展了中原和西方的通商关系。

三代的经济发展状况

关于夏、商、西周税史的历史资料，至今还没有发现。我们只能根据后人的记载加以推断，因此也只能粗略了解一些。前文叙述，夏朝以前是没有阶级、没有剥削的大同社会。到了公元前21世纪，夏朝才正式由禹建立。当时的政治、经济状况《礼记·礼运》上有明确记载："今大道既隐（原始公社制度解体），天下为家（变公有为私有），各亲其亲，各子其子，货力为己（财产私有），大人世及以为礼（子孙继位，认为当然），城郭沟池以为固（保护财产），礼义以为纪（制度礼教和法律），以正君臣，以笃父子，以睦兄弟，以和夫妇，以设制度（阶级制度），以立田里（划分疆界，土地私有），以贤勇知（养武人谋士作爪牙），以功为己（谋个人利益），故谋用是作，而兵由此起（争夺及革命不可避免）。禹、汤、文、武、成王、周公，由此其选也（统治阶级的圣人）。"

传说夏代的农业生产已很发达，禹大力倡导农业，他曾"躬耕而有天下""身执耒以为民先"，至于禹平洪水，变水患为水利的传说更是妇孺皆知。夏朝灌溉技术的推广，提高了农业生产水平。传说夏朝时已知酿酒，而酒是由谷物制成的，酒的出现说明农作物的产量已大大提高了。农产品有一定的剩余又为手工业的发展提供了物质前提。传说夏禹曾铸造过九鼎，后世还将"九鼎"作为国家的象征。

公元前16世纪成汤灭夏桀，正式建立了商王朝。商的政治势力南到长江流域，北到燕山，西到陕西，东达海滨，是一个强大的奴隶制国家。

商代的社会经济主要以农业生产为主。农具中石、骨、蚌器仍是主要的生产工具，但形制已有明显的改进，商代后期开始将青铜器用于农业生产，那时黄河南、北广大原野上已开辟成一块块的田畴，分别种了五谷。在农业发展的基础上，畜牧业也更加繁盛起来了，商代已开始饲养马、牛、羊、鸡、犬、豕等动物，几乎后世所有的家畜，当时都已有。

商朝的手工业随着农业的发展也更加发达起来。在河南安阳西北出土的商代司母戊大方鼎，器制雄伟壮观。铸造这样的大鼎，需要大规模的作坊，复杂的分工及专门技术。商代开始有了原始的瓷器和纺织业。

商朝也有商业存在，贝产在海滨，玉产在西方，盘庚称贝玉为"货宝"，

可见商朝开始有手工业制品和对外交易。那时周公还允许商遗民牵牛车到远方做买卖，可见平民也进行商业活动。

从公元前 1027 年周武王灭商，到公元前 770 年周平王东迁"殷墟"，历史上称作"西周"。

西周时农业生产发展很快，《诗经·小雅·甫田》称"倬彼甫田，岁取十千，我取其陈（粮食），食我农人……"这就反映出西周时已有很大的农田，粮食产量也较高，农作物的品种大为增加，已有"百谷"的称谓，如黍、稷、麦、牟、麻、菽、稻、粱、瓜、果等农作物。

西周的土地是王有制。周人灭商后，周天子把田地连同当地的"民"按地区分封给大贵族作封地，或赏赐给臣下作采邑。全国的土地和臣民在名义上都属周天子所有。

西周时期的手工业是在商朝手工业的基础上发展起来的。西周的青铜器比起商代来，制造地点增加了，产量、品种也增多了，如钟、戟、钊等都是新出现的器物。当时还有皮革业，用皮制裘、履等。建筑方面有台、榭、楼、观；交通方面有舟、车、桥、梁。

西周的商业开始出现，商人的地位也逐渐提高了，庶人富有，也可过着贵族式的生活。王叔郑恒公知道周快灭亡时，同商人订立了互助盟约，请商人帮助他建立新郑国。当时，贵族也想做买卖，以谋取三倍的利息。不过从西周整个经济生活上看，商业的发展程度，还是比较低的。

夏、商、西周的赋税制度

赋税是封建社会才产生的，是纳税者可支配的——缴纳等额价值的税收后，其余可自行分配，同时，赋税的使用可公可私。

夏、商、西周是奴隶社会，则不同王族有着诸侯不可侵犯的权利，贡赋是纳税者不可支配的，也不可用其他物品代替，贡赋多用于王族自用、封赏和祭祀。

1. 贡纳制

从世界历史来看，贡纳关系出现于原始社会末期，中国的贡纳关系也不例外，到夏朝建立后更为流行。《尚书·禹贡》列举了九州贡纳的具体物品，这些贡品的确定遵循着"任土作贡"的原则，即据诸州土产而纳贡。夏之贡纳，从财政上看，是为了满足夏王朝的某些特殊需要；从政治上看，是臣服关系的物化象征。"任土作贡"虽不一定是始自夏朝的"先王之制"，却是后世王朝推行土贡制遵循的圭臬。

商朝的贡纳制有外服与内服之别。作为外服的侯、甸、男、卫邦伯，是以商朝为核心的诸方国或部落的首领，他们向商朝贡献牲畜，但没有一定数量，也没有一定期限，可能只是一种表示友善的象征性贡纳。作为内服的百僚庶尹、惟亚、惟服、宗工，主要是在朝中任职的部落首领，他们须向商朝贡献大量牲畜或动物，成为商朝频繁对外战争所需畜力以及经常的祭祀所需牺牲的主要来源。无论是外服势力或是内服势力，对于商朝的贡献主要是以族为单位进行的。

西周的贡纳逐渐形成了等级制度，一方面按公、侯、伯、子、男加以区分，级别高的，贡纳相对重些；另一方面按"服"区远近排列，距离越远，贡纳时间间隔越长，贡纳次数越少。西周的贡品，既有财物，也有人身。

2. 田税

至今，学者一般认为"井田制"是通行于三代的主要土地制度。对于田税的征课形式，《孟子·滕文公章句上》说："夏后氏五十而贡，殷人七十而助，周人百亩而彻，其实皆什一也。彻者，彻也；助者，籍也。……贡者，校数岁之中以为常。……惟助为有公田。由此观之，虽周亦助也。"

据孟子的解释，夏朝的贡法是以一夫五十亩为单位课征定额实物税，数量为平均年产量的1/10。但此说不可信。田税课征对象是生产者的剩余劳动产品，采取何种途径提供这种产品，则受生产力状况的制约。夏朝的农业生产工具极其粗笨简陋，劳动效率极为低下，农业生产者只能采取原始的集体耕作方式，不可能以一家一户为单位从事个体生产。就此而论，夏朝的田税课征形式应类似于商朝的"助"法。

在今人看来，"助"法是劳役税，劳动者被集中在公田上进行集体劳动，公田收入就是其剩余劳动的物化表现。迄今考古发现的商朝农具，以石器最多，蚌器、骨器次之，青铜器最少，在构成上仍类似于夏朝的以木、石器为主。因此，商朝农业仍只能以集体耕作形式为主，孟子所言"助者，籍也"，应是借民力以治公田的意思。

孟子既称"周人百亩而彻"，又说"虽周亦助"，表明"彻"法与"助"

法既有相似之处，又有差别。一些学者主张把"彻"字的含义与划分田地联系起来理解，但问题是何时彻田，若耕作之始即区分公田与私田，则与助法完全相同，不符合孟子原意。清人崔述认为"彻"法的特点在于无公田、私田之分，至收获之际，才彻取收获物的 1/10 作为税物，这也不符合孟子的原意。后来，有人主张把"彻"字训为"通"，阐发为"通公私"之义，即打破公田与私田的固定界限，先由生产者在耕作季节统一经营，至收获之际才把一部分田地划为当年的公田，其收获物便成为税物。此说既肯定"彻"与"助"均为力役形态，又指出二者在时间与空间上的区别，比较符合孟子的表达方式。

许多学者指出，不宜仅据孟子之说，就认为夏、商、西周分别采取贡、助、彻的单一税制。也有学者认为，西周对居住于"野"（郊外）的劳动者实行"助"法，对居住于"国"（郭内）的周族公社农民采取"彻"法。

3. 力役制度

夏朝的力役制度无考。商朝的力役征调涵盖了外服与内服。外服势力当商朝兴兵征伐之际必须出兵助战，所体现的主要是商朝和外服势力之间的联盟关系；外服势力也向商朝提供一定的劳力，用于开矿和田猎放牧。内服势力则是商朝征调力役的主要来源。内服部族的族众是商朝对外征伐的主要力量，商朝对族众采取命令征发的形式。商朝也向诸部族征取人力从事田猎、采矿、建筑城邑和宫室、建造舟车、往来运输、省视仓廪、押送战俘等力役。这些征役没有一定的期限和数量，具有很大的随意性。

西周征调力役称为"赋"。《周礼·乡大夫》记载说："国中自七尺以及六十，野自六尺以及六十有五"，皆在征调之列，唯老、疾、贵、贤、能、服公事者得免。实际上很难做到，因为当时人的平均寿命没有那么长。

"六乡"征兵时,耕种上地者,家出一人为正卒,二人为羡卒;耕种中地者,二家出二人为正卒,三人为羡卒;耕种下地者,家出一人为正卒,一人为羡卒。正卒为正式兵役,羡卒担任田猎和地方治安工作。

夏、商、周三代的国家收入

从财政的角度说,夏、商、周三代的国家收入可分为国有资源收入(包括手工业产品收入和山林池泽收入)、山泽税(山泽之赋)和关市税三类。

1. 国有资源收入

从夏代开始,手工业已发展起来,至商朝已分成很多门类,近30个工种,西周的手工业门类更多,分工更细。这些手工业多由官府经营,即实行"工商食官"体制。同时,官府又有很多的养殖场、食品加工场(作坊),为其畜养制作各种祭品、食品。

据《周礼·大宰》所载,大宰"以九职任万民……二曰园圃,毓草木,三曰虞衡,作山泽之材,四曰薮牧,养蕃鸟兽,五曰百工饬化,八材,六曰商贾阜通,货贿,七曰嫔妇,化治丝枲,八曰臣妾,聚敛疏材。……"甸师、兽人、渔人、鳖人、盐人、酒正、典稻、典枲、缝人、染人等专职机构和官营手工制作(生产)场所。

官营手工作坊和牛人、牧人、场人等生产场所,在夏、商、周时期对其收入虽不征税，但对其业绩（生产任务完成情况和质量的好坏）是要进行考核的，年终时，冢宰按规定"令百官府各正其治，受其会。听其政事，而诏王废置"；而且，对制作部门要"日入其成，月入其要……岁终，则会"。生产数和出库数都要登记入账，就此而言，应列作国家收入。

2. 关市之赋

根据夏、商、西周"工商食官"的经济体制，官府的公务所需，大多是取自各官营手工作坊，或由官商到该物生产地贩运，沿途也不需缴税；百姓所需有限，多为自产自用，不经过市场。当时的市场作用有限，所以，齐宣王问政时，孟子举文王治岐的例子说："关市讥而不征，泽梁无禁。"（《梁惠王下》）在答公孙丑问时，又说："市，廛而不征。"《礼记·王制》也说："古者……关讥而不征。"所谓关讥而不征，就是说，经过关津进入市场交易的产品（包括山林出产或手工加工产品），只在经过关口或渡口时受到官府检查，看是否夹带违禁品，对正常交易物品并不征税。其中原因，据孟子所说是："古之为市也，以其所有易其所无者，有司者治之耳。"那么，后来为什么又征税了呢？据孟子说是："有贱丈夫焉，必求龙断而登之，以左右望，而罔市利。人皆以为贱，故从而征之。征商自此贱丈夫始矣。"即对商人图厚利的一种制约或者说惩罚。但从中还可分析出其他两种原因：一是这时商品（产品）交换活动规模比较大，在平地（市场）一眼看不清情况，要站到山包上才能看清商品流动变化，同时说明农民出产很多，可拿到市场进行交换；二是既然商人可以通过商品交换而牟取利益，那么，国家也可以进行征税，以调剂商人和农民之间的利益分配，防止商人的独占。可见，到西周中期后，由于经济的发展，出于安全、管理和财政的多种需要，在设关（门）、市的地方，开始对出入关门的货物或在市场营销的商

品征税。

（1）关税。按《周礼》所记述，西周设"司关"和"司门"两职，各司其职。

（2）司关，"掌国货之节，以联门市。司货贿之出入者，掌其治禁，与其征廛；凡货不出于关者，举其货，罚其人……国凶札，则无关门之征，犹几。"司关的职责，一是对进入关门的外来客商，先要检查其官方文书（玺节），将文书上所载货物名称、数量通知国门，由国门通知司市，使知进入市场的货物；由本地运出关门的货物，则要根据司市所开列文书所载货物名称、种类、数量，核对无误后放行。司关的第二个职责是检查货物的合法性，对一般物品按规定收税，对违禁品予以罚没，不仅没收其货物，还要对其罚款，如发生特大灾害，则关门不征税，但仍需检查有无犯禁之事。

（3）门税。司门的职责之一是凡"出入不物者，正其货贿；凡财物犯禁者举之"。即检查出入国门的货物，并要按规定征税。所谓"不物者"，是指衣服与众不同，不符合国家规定的形式，属于奇装异服之类；对犯禁的财物，则要按规定没收。古代等级制度比较严，什么身份的人穿什么式样、颜色的衣服；有些衣服、食品、用具是不准私自出售的，凡犯禁令必然被没收。

市税。按《周礼》所记："廛人掌敛市欲布、总布、质布、罚布、廛布，而入于泉府。"布，古注为泉，即货币。市税包括在市场开征的几种税。欲布，即对有固定店铺的商人所征，属于营业税性质。总布，《周礼》注引杜子春的话是"无肆立持者之税也"。即指无店铺、站立市场路边兜售者，廛人对其征收的税。质布，是指对市场买卖订有契券的征收，有如后世的契税。罚布，指对违犯市令者的罚款。

姜子牙雕像

3. 山泽之赋

西周以前，山林薮泽均为公有，未有赋税。随着人口的增多，采集量加大，人类生产所需难以保证，于是，改官民共采为设官管理，定时禁放。特别是对那些生长期长的动植物，更是严加控制，不许滥捕、滥伐。进入西周以后，随着很多制度的相继制定，对山林川泽等重要生产、生活资源地，也设官分管：设山虞、林衡，掌山林的政令和治禁；设角人、羽人、兽人，掌鸟兽捕养之事；设渔人、鳖人，掌川泽水产之事，按时禁发，与民共采。周厉王（公元前878—公元前842年在位）时，曾专山泽之利，实行山林川泽国有化，结果，导致国人暴动。到西周后期，由于管理和财政的需要，开始对山林池泽征税。这里要指出的是，西周王朝对山林池泽还是实行国有政策，对山林的开发、利用，主要还是由国家设机构任用专人负责，特别是对大宗珍稀动植物的捕捞、采集，仍由国家控制。农民只能就近、就便，在砍伐、采捕量不大，又不妨农时的情况下，进山砍伐、采捕，或下湖捕捞，所获之物，可自用、自食，多余的可到市场出卖，国家对此收税。此外，官

府对山农、泽农也下达有采捕任务，必须根据规定完成。山泽之赋，主要是对农民从事副业所得产品的征收。山泽产品的税率，没有统一规定，载于史籍者，场圃收为二十税一（5%），漆林之税为二十税五（25%），体现了按价值高低征收的原则。

扩展阅读　姜子牙经商

中国历史上赫赫有名的齐太公，是辅佐周武王伐殷纣王获得成功的宰相，称为"尚父"，他的出身是一个做小本生意的商人。

齐太公，本姓姜，名牙，故人称姜子牙，相传他是炎帝的后裔，因其祖先掌管四岳有功而封于吕，子孙从其姓吕，故又名吕尚。

姜子牙，从做小本生意的商人起家，晚年辅周伐商，成为周朝第一开国功臣，被封在山东半岛，建立了齐国，故史称姜子牙为齐太公。

姜子牙在没有从政之前，的确是一个专门从事贩卖活动的小商人，这在我国不少古籍中有记载，《史记·齐太公世家》中说："吕尚盖尝穷困，年老矣，以渔钓奸周西伯。"这就是说他在未遇周文王之前，家境贫困，是个饱经困苦的老头子。

谯周的《古史考》说："吕望尝屠牛于朝歌，卖饮于孟津。"姜子牙又名太公望。"朝歌"是今河南淇县，"孟津"是今河南孟津。就是说：姜子牙在今河南的淇县做过屠户，经营宰杀牛羊的肉铺，在现在河南的孟津开过"饮食店"，经营酒店之类"市饮"。

屈原的《天问》说："师望在肆昌何识？鼓刀扬声后何喜？"屈原的《离骚》中说："吕望之鼓刀兮，遭周文而得举。"屈原说的"师望"和"吕望"都是指姜子牙，"鼓刀"就是开屠场宰杀牲畜。"扬声"就是吆喝叫卖或者沿街叫卖。

《盐铁论·颂贤》中说："太公贫困，负贩于朝歌。""负贩"就是背着东西，去做小本生意。

《尉缭子》说："太公望年七十，屠牛朝歌，卖食盟津，人谓之狂夫。""盟津"即"孟津"。是说姜子牙年过七十，还在做小本生意。

《战国策》说："太公望，齐之逐夫，朝歌之废屠。"

《说苑·遵贤篇》说："太公望故老妇之出夫，朝歌之屠佐也。"说姜子牙是被老妻离去的屠夫。

以上史料都说明：姜子牙在没有遇到周文王之前，他是一个命途多舛、穷困潦倒的专门从事贩卖活动的小商人。而且年到70岁，仍然做小本经营。他的故乡在古东夷，可能是今山东邹县。他背着东西从家乡出发西行，要走几百公里才能到达孟津、朝歌。真可谓是长途跑生意，长年在外地专门从事商业活动。

姜子牙经商的史实，为我们提供了研究商业发展的机会，姜子牙的时代，正是商朝的末期，他在朝歌和孟津做生意的时候正是纣王在位之时。大约是公元前1140年左右，这个时期，中国已经出现了远离家乡，长年在外地经营小本生意的个体商贩。他们或者是从这里跑到那里，沿途叫卖，或者到城市里开设一个小店铺，为过住客商和一般城市居民服务。前者是

"小行商"，后者是"小坐卖"。这就说明在商朝晚期，已经出现了"自由商人"的萌芽。

第六章

服牛乘马
——畜力运用促进交通文明

　　交通的发展在推动社会经济的发展和人类文明的进步方面有着极其重要的意义，它不仅是技术创新能力的具体体现，也是社会不同文明互相交流的重要纽带。在夏、商、周时期，畜力的运用促进了当时的交通文明。

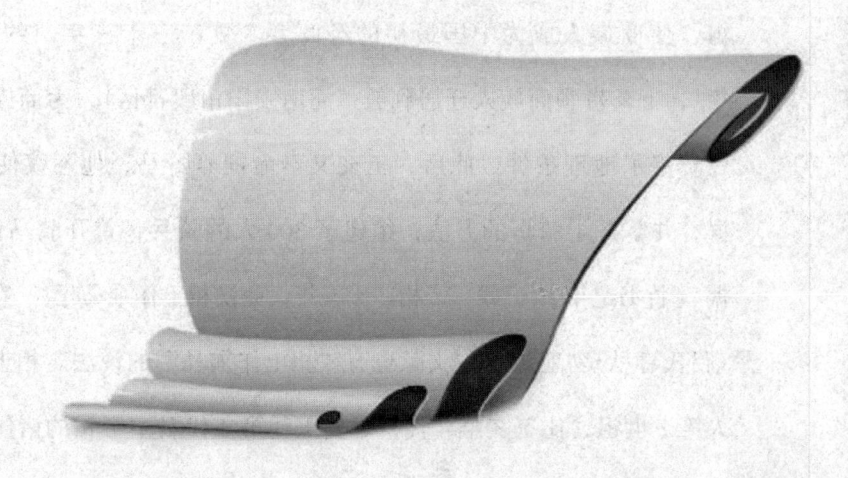

夏朝时期的驯马文明

我国古代一直习惯用马来驾车，夏朝时期驯马技术就达到了一定的水平。中国古代传说有"王亥驯马"的故事。

王亥其人是商汤的第7世祖，被尊为殷商的三位"太祖"之一。夏少康十一年（约公元前1935年），王亥的父亲冥受命治河黄河，王亥就开始协助主持治河工程。夏予十三年（约公元前1914年），冥死于治河工地，王亥正式接替成为商侯国第7任首领，随即就改造少昊发明的牛车，解决了交通运输的严重困难，取得了治河工程的胜利，同时使商族人的经济得到迅速发展，以致出现物品生产过剩。于是王亥又利用牛车的运输能力，开始进行远距离的物资交换，开创了中国古代的商业，被视为中国商人的鼻祖，使商族人成为中国最初的经商者。夏芒三十三年（约公元前1890年），王亥带领商族人迁居到殷（河南安阳市殷都区），为商族人的继续发展奠定了地理条件。此后，王亥又奉命饲养野马，他不仅使野马繁殖成群，并掌握了骑马的方法，组建了300人的骑兵，首开骑马作战的先河。据《竹书纪年》记载（帝相）十五年，商侯相土作乘马吒；《荀子·解蔽》《吕氏春秋·勿躬》等古文献也有"相土作乘马"的说法。相土其人是商族人第3世祖，比王亥早4代，是夏王朝第4代君主帝相的诸侯。这里的所谓"乘马",就是用马驾车。可见早在夏王朝初期,中国古人就已经开始使用驯马驾车;夏王朝中期的王亥又首开骑裸马(马鞍和马镫是秦汉之后的发明)的先例。王亥虽不是驯马的首创者,却是驯马得法的成绩卓著者,同时也是牛车制作技术的改进者。《管子》所言:"立皂牢,服牛马,以为民利。"就是指"相土作乘马""王亥驯马",以及王亥改进牛车对于商族人事业发展的贡献。所谓"皂",就是喂养牛马的饲槽;所谓"牢",就是圈养牛马的牲口棚。

其实,中国古文化遗存中早就有野马的踪迹。从170万年前的元谋人遗址到新石器时期众多的古文化遗址,几乎都发现有野马的遗骨。中国古文献中,家马和野马的区别也一直是泾渭分明。《山海经》说:"北海内有兽,其状如马,名曰騊駼。"很显然,这里所说的"马"是指已经驯化的家马,所谓"騊駼"则是指贝加尔湖一带的野马。《山海经》又说"又北百里,曰黑差之山,无草木,多马"。又"北百八十里,曰北鲜之山,是多马。鲜水出焉,而西北流注于涂吾之水"。据著名历史地理学家谭其骧先生的考证,"黑差之山"位于内蒙古乌兰察布盟;"鲜水"就是源出于杭爱山的鄂尔浑河;"涂吾之水"就是"余吾水",即蒙古乌兰巴托的土拉河。《山海经》又说:"北三百八十里,曰湖灌之山,其阳多玉,其阴多碧,多马。湖灌之水出焉,而东流注于海。"据考证,所谓"湖灌之水"就是现在的白河,流经天津入海;所谓"湖灌之山"就是河北独石口的大马群山,即白河的发源地,与桑干河流域的旧石器时代遗存——许家窑相邻,其出土的马骨化石也特多。《山海经》还说:"又西九十里,曰夸父之山,其木多棕楠,多竹箭,其兽多㸲牛、羬羊(大野羊),其鸟多鷩(锦鸡),其阳多玉,其阴多铁。其北有林焉,名曰桃林,是广员三百里,其中多马。湖水出焉,而北

流注于河。"晋人郭璞注释说："桃林，今宏农湖县阌乡南谷中是也。饶野马、山羊也。"清人毕沅也说："山，一名秦山，在今河南灵宝县东南。"从上述古文献记载中我们可以看出，早在夏王朝时期的中国古人就已经建立蒙古草原的牧马场，以及天津和河南灵宝等地的养马基地。由此可见，马与中国古人相处170万年之后，终于成为人类改造环境、开拓生存空间的忠实伙伴。"王亥驯马"的成功，不是孤立的历史现象，中国古人养马、驯马的经验积累，已经可以追溯到新石器时期的养马先民。

牛马运用与商路发展

　　用牛马等畜力为动力来驾车，组成浩浩荡荡的商队，进行远距离贸易，是商人的一个创举。虽然夏代就已经有了"驭马"的记载，而大量使用牛马则起于商代，并且是用于生产和商贸，而不仅是战争，因此就更具有社会历史意义。

　　商的始祖契，是夏禹的同时代人，到其孙相土的时候，势力已经从今山东河南之交拓展到了渤海之滨。《诗经·商颂·长发》中有"相土烈烈，海外有截"的颂辞，证明商人活动范围直达海滨。相土时期，商人已经能用四匹马驾车了，可以想见其驾驭技术之高和载重量之大。商人畜养牛群，已经有一定规模，可以批量畜养、繁殖并投入交换。商人用以祭祀王亥的牺牲——牛，多到300头，可见其时牛的饲养是很多的。商人有经商的专长。商业的高度发达，证明了商路的畅通。而畅通的商路，又是顺利经商的基本保证。

　　商人重视道路交通，古代文献中已经有商人修筑护养道路的记载。商代中叶盘庚迁都于殷（今河南安阳）实现了商的中兴。他的侄儿武丁继位之后，三年不过问政事。一天夜里，武丁梦见天帝赠给他一位贤臣。他记住了此人的像貌特征。第二天，他召集群臣，来了一个"按貌索人"，找他梦中见过的那名贤者，没有找到，于是又按画像到全国各地去寻求，结果在傅岩之野找着了梦中人贤人傅说，与之交谈，很为投机，便拜傅说为相。傅岩，据考在今河南三门峡市境内。那里山岩险峻，又是东西大道所必经，从山上流下的涧水常常冲坏路面，商王就让一批服刑的奴隶常年在这儿筑护，傅说就是其中的一员。《尚书·说命》中表示着两层意义：一是商人重视道路的筑护；二是此路所经的三门峡地区，是商代中原与渭水之间的交通咽喉，国家十分重视。商人就是由今三门峡向西经潼关一带入陕的。商王武乙（纣王的曾祖父）曾"猎于河渭之间"，走的大概就是这条道。

　　武丁时期，商的国力增强，于是向南方拓展，从而与活跃在江汉一带的荆楚势力相碰撞，进而发生了对抗。《诗经·商颂·殷武》中说：

　　　　　　挞彼殷武，

　　　　　　奋伐荆楚。

　　　　　　罙入其阻，

　　　　　　裒荆之旅。

　　　　　　有截其所，

汤孙之绪。

意思是说：商王武丁强有力地指挥着部队，威势赫赫地去讨伐南方劲敌荆楚。部队一直插入楚国的纵深地区，越过险阻，将荆人一举击败，歼其劲旅。武丁治理天下有条有理，整整齐齐，真不愧是商汤王的好后代。

黄河流域的商人击败了江汉地区的楚人，前此的历史上还没有发生过。这次武装对抗，标志着中原华夏文化区与江汉荆楚文化区之间的接触已经相当频繁，以至发生了尖锐的利害冲突。武丁的武装南进，为今后中原势力与荆楚势力之间的磨擦与纷争开了一个先例。武丁在南进的同时，还发兵北征，进攻燕山南北的鬼方、土方；西征甘陇一带的羌方，其活动范围相当宽广。商的末代君主纣王，也曾频繁出击东南的夷方、人方，把疆土向江淮地区拓展，取得了重大胜利。但最后一次东征时，因周武王兵抵牧野，商纣王只得从前线撤回，力图挽救王朝的倾覆，却发生了"前徒倒戈"的突变，他自己也焚身而亡了。总之，商人势力所及，包括了传说中炎帝、黄帝、尧、舜、禹全盛时期的所有活动区域，华夏文明的覆盖面比过去任何时候都宽广。随着兵锋所及，主要的交通干道，也就从腹地殷（安阳）向外辐射到华夏各地了。

商人注重交通，也注重管理。据《韩非子·七术》载：商人有"刑弃灰于道"的一条刑律，对交通进行法的管理。它强制规定，任何人不得把灰烬、垃圾抛在大道上，谁违反了，就要受到严厉的处罚。为什么要施行这样的轻罪重罚呢？据解释，不随地弃灰是谁都可以轻易地做到的，也是公德上应该做好的一件小事，而受到刑罚却是谁都不愿意的。用谁都能做到的小事去避免可能受到的刑罚，则是人人都能办到的。今天，我们可以不去讨论这重罚是否合理，我们所注意的是：它说明商代的道路管理已经提上了法的议程，这毕竟是一大进步。

商代在交通上的主要贡献是：有了相对稳定的交通干线，主要用于商业经营，行政管理，也用于军事活动。商代已经把道路的维修筑护，交通的法制管理提上了日程。"服牛乘马"较好地解决了运输动力问题，这在我国延用了3000年以上，是交通运输史上一件值得大书一笔的事。商代交通的干线主要是殷（河南安阳）商（河南商丘）线和洛阳—商丘—曹邑线，一纵一横，贯通全线，为后世的内地交通搭起了最初的骨架。

商代的役象文明

大量的考古发现，已经使地理学家和气象学家推断出中国古代的地理环境及气候条件。据专家推算，旧石器末期中原地区的年均气温比目前高出约7℃—8℃，当时西安和安阳地区有十分丰富的亚热带植物种类和动物种类，目前山西、陕西、河南等地的旧石器遗址均有大量象骨出土，就足以证实专家所言不虚。殷商甲骨文中曾明确记载：商王狩猎"获象七""丁未卜，象来涉"，这显然是当时捕猎野象的记载。殷商甲骨文中还有另一类记载，比如："以象侑（酬谢）祖乙""于癸亥省象"，则是指以大象作为祭祀品，以及视察象群牧放、调运输送大象等活动，这显然是针对家象而言。

1935年，殷墟第12次发掘时，曾经"发掘象坑两个，一坑为小象，一坑为大象，象背后埋1人，俯身"，随葬者显然也是驯象人或驭象人。1976年，殷墟妇好墓发掘出1928件文物，其中就有两只圆雕玉象，"作站立状。长鼻上伸，鼻尖内卷成圆孔，口呈三角形，微张。小眼细眉，大耳下垂，体肥硕，四肢粗短，尾下垂。身、足饰云纹，背、尾饰节状纹"。其形态憨然可掬，显然是以家象为模特的雕琢工艺品。

妇好墓室

1978年，殷墟王陵东区又发现一个长2.4米、宽1.7米、深1.8米的殉葬象坑，象体高约1.6米，身长约2米，门牙尚未长出，象身上佩有一只铜铃，显然是一只已经驯化的幼象。

据《论衡》记载，"舜葬于苍梧下，象为之耕"，这就进一步透露出舜帝时期古人驯化野象，并役使驯象的信息。《吕氏春秋》记载："商人服象，为虐于东夷。周公遂以师逐之，至于江南。乃为《三象》，以嘉其德。"这就是说，商人亡国之后不久又发动叛乱，将驯化的大象用于对东夷族作战。周公出兵东征，乘胜追击到江南，彻底击败商人的"象军"。于是周人创作一首名为《三象》的乐曲，赞美周公的功德。著名史学家徐中舒先生认为，河南之地古称豫州，就是以盛产大象而得名。《说文解字注》解释说："豫，象之大者。"显然言之有据。甲骨文的"为"字，就体现出以手牵象的形态，表明古人已经开始驯养大象作为交通工具。著名甲骨文专家罗振玉先生甚至认为："古者役象以助劳，其事或尚在服牛乘马以前。"就是说，中国驯化野象的历史可能更早于夏商时期的服牛乘马。

夏代的道路交通

夏王朝建立之后，随着国家政权的确立与巩固，道路交通事业也出现前所未有的飞跃发展，其特点有四：

其一是夏代道路交通的开辟，已经是全民动员的社会集体行动。据《史记》记载："(大)禹乃遂与(伯)益，后稷奉(舜)帝命，命诸侯百姓兴人徒以傅土，行山表木，定高山大川。(大)禹伤先人父鲧功之不成受诛，乃劳身焦思，居外十三年，过家门不敢入。薄衣食，致孝于鬼神。卑宫室，致费于沟洫。陆行乘车，水行乘船，泥行乘橇，山行乘檋(滑竿)。左准绳，右规矩，载四时，以开九州，通九道，陂九泽，度九山。"

这段话意思是：大禹与伯益、后稷等人接受舜帝的任命之后，立即指挥诸侯百官组织实施治水工程。为制订工程计划，大禹忍受着父亲因治水

失败被处死的悲伤，一路上翻山越岭，不辞辛劳，苦心思索，树立木桩作为标志，测定高山大川，在外面奔走13年，多次经过家门都不敢回家探望。他节衣缩食，居住简陋低矮的房屋，毅然将全部资产用于治水。他陆路乘车，水路乘船，沼泽地中乘木橇，山路上乘坐滑竿。左手拿着测量水平及标高的准和绳，右手拿着绘制方圆的规和矩，背负着测定方向的仪器，终于开发了九州的土地，开辟了9条道路，整修了9个湖泊，测量了9座大山，最终赢得了治水工程的成功。

据《史记》记载，大禹受命治水的时间是尧帝去世后不久，舜帝即位之初，按《夏、商、周断代工程年表》推算，大约是公元前2107年。大禹治水的故事，发生于中国原始社会向奴隶社会过渡的变革时期。此时虽然尚未建立正式的国家机构，但是国家的雏形已经基本形成，这就为动员全社会的人力、物力参与治水活动提供了组织保障。大禹的父亲鲧治水9年，结果惨遭失败，大禹治水13年，结果大获成功，两者之间的差异，显然与不同的组织条件大有关系。至于大禹采用众所周知的疏导治水方法，这当然是他取得治水成功的主要原因，但是也不能全盘否定鲧的"壅塞"治水方法。时至今日，疏导分洪与筑堤设坝仍然是抗洪的两大措施。大禹的高明之处，不仅是想到了疏导治水的方法，更重要的是悟出了先修路，后治水的必胜之道。中国的国家权力之所以出现于大禹之时，表明大禹治水推动了社会进步，其中交通工程的社会意义也就不言而喻。直到1500年后的春秋时期，人们仍然经常缅怀"芒芒禹迹，画为九州，经启九道"。大禹治水的成功是动员全社会参与的结果，也是交通先行的结果。

其二是夏王朝与周边方国的政治、军事往来，促进了交通事业的发展。《战国策》记载："禹攻三苗，而东夷之民不起。"《竹书纪年》记载：

"(帝相）七年，于夷来宾""（少康）二年，方夷来宾""（帝芬）三年，九夷来御""后荒即位，元年，以玄圭宾于河，命九（夷）东狩于海，获大鸟""后泄二十一年，命畎夷、白夷、赤夷、玄夷、风夷、阳夷""后发即位，元年，诸夷宾于王门，再保庸会于上池，诸夷入舞"。可见，夏王朝与周边方国的交往已经十分频繁，这有赖于道路交通的保障，同时也促进了道路交通事业的发展。

其三是夏王朝对周边自然资源的需求，也是促进道路交通事业发展的重要因素。《左传》记载："昔夏之方有德也，远方图物，贡金九牧，铸鼎象物。"这清楚地表明，夏王朝与周边方国的广泛经济联系也有赖于道路交通的保障。

其四是夏代各地域之间的物资交流推动了道路交通事业的发展。《山海经》记载："王亥托于有易、河伯仆牛，有易杀王亥，取仆牛。"王亥的弟弟王桓日夜兼程逃回商邱。据王国维先生考证。这个有易国就是屈原《楚辞·天问》所说的"有狄国"。它位于黄河以北的易水河畔，也就是河北保定市易县境内，与商侯国当时所在的商邱（河南商丘市睢阳区高辛镇）相距约1000公里，可见王亥的经商路线已经十分遥远。由此可见，夏王朝建立百余年之后，尽管还没有形成民间商业，从事物资交流活动者还仅限于王亥一类的"官商"，但是由于大禹"经启九道"的交通之便，各地域之间的商务活动已经扩展到至少1000公里之外，已经突破地缘的封闭，通达于四面八方。这不仅丰富了社会生活的内涵，而且必然会促进道路交通事业的发展。

从近年的考古发现中，我们同样可以清楚地看到夏代的道路交通已经有历史性长足进步。1974年，山西运城市夏县东下冯遗址发现一条夏代纪

年范围的道路，路面宽约 1.2—2 米，厚约 5 厘米，采用陶片和碎石铺筑路面，其道路的宽度显然已经可供人力车辆通行。据《毛诗正义》所言，"夏后氏二十人而辇，殷十八人而辇，周十五人而辇是军行必有辇，皆人挽以行也"。夏禹的座车既然是 20 人牵引的人力车，这就必然要求有比较宽阔的道路条件。河南洛阳市偃师市二里头是大约 4000 年之前的夏代都城遗址，其城垣南北宽约 1500 米，东西长约 2500 米，面积约 3.75 平方公里。其中的城市道路不仅有用鹅卵石铺成的石子路，而且还发现一条铺设特别讲究的"石甬路"，路面宽度约 0.6 米，其西段采用石板铺砌，东段是用鹅卵石砌成，路面十分平整。专家们认为这条"石甬路"就是专门为贵族统治者服务的"高等级道路"，与一般平民百姓通行的"土路"相比较，具有鲜明的等级特色。

商代的道路交通

商代的道路交通显然比夏代更为发达，辐射范围已经更加广阔。《诗经》所谓："古帝命武汤，正域彼四方。方命厥后，奄有九有。商之先后，受命不殆，在武丁孙子。武丁孙子，武王靡不胜。"意思就是：上天托付成汤，命他治理四方。成汤受命称王，九州尽入封疆。商王既受天命，国运安然无恙。孙子武丁贤良，大业足以承当。从史籍记载以及目前发现的商代文化遗址可知，商代所谓"邦畿千里"显然比较符合实际，并没有特别夸张的成分，其东面抵达渤海，南面越过长江，西面直到甘肃，北面已经包括河北北部及辽宁部分地区。

商代的道路交通，其特色有三：

其一是王邑的道路堪称楷模。商人曾自诩"商邑翼翼，四方之极"，这已经从商代王都遗址的发掘中得到印证。1983年，河南偃师市城关镇尸乡沟发现的商都遗址，是商代早期都城遗址，也就是古籍所称的南亳，面积约1.9平方公里。目前已发现城内修建有11条大路，路面宽度一般为6米，最宽处达到10米，道路与城门的方位相对应，构成棋盘式网络。其主干道宽敞平直，直贯城门路基土层坚硬细密，土质纯净，厚度约半米左右；路面中间微微鼓出，两侧降低，目的显然是便于排放雨水。城门附近的路基之下铺设有木板盖顶的石壁排水沟，沟底全部用石板铺砌，内高外低，设有一定的排水坡度。城外沿城垣方向构筑有宽度约4.5米的环城道路。城内还建有与主干道相连接的斜坡"马道"，可以直接登上城垣。商代早期都城就有如此规划周详的城市道路布局，确实堪称当时的道路交通楷模。

其二是商代的道路修建技术已经传播到江南。1973年，江西樟树市发现的商代吴城遗址，被视为20世纪的重大考古发现之一，共出土文物900余件，并发现一段长约100米，宽约3—6米的道路遗存。其路面结构类似于"三合土"，路沿两侧凿有排列有序的柱洞，显示出当年曾经设有顶盖。由此可见，古人所谓"商不过江"的说法，显然已经被考古发掘的实证所突破。事实表明，商代的道路修建技术不仅已经跨过长江传播到江南，而且大有后来居上的历史进步意义。

其三是商代晚期已经形成以殷邑为中心的道路交通网络。据考证，商

都殷邑（河南安阳市殷都区）设有6条交通干道：第1条是沿东南方向通往徐淮地区的交通干道，即甲骨文所谓"征人方"的道路；第2条是沿东北方向通往河北卢龙（秦皇岛市卢龙县）及辽宁的交通干道；第3条是东向通往山东蒲姑（滨州市博兴县湖滨镇）的交通干道；第4条是南向通往湖北、湖南、江西的交通干道；第5条是西向通往陕西、甘肃的交通干道；第6条是沿西北方向翻越太行山通往山西的交通干道。

西周的交通文明

到了西周，畜力的运用使当时的交通更加通畅。这主要体现在道路和交通工具、交通管理几个方面。

《诗经》数言"周道""周行"，毛《传》、郑《笺》于不同处或释为"通道"，或释为"政令"，或释为"列位"，朱熹《诗集传》始皆释为"大道""大路""周之路"。"道路而冠以'周'，无疑是与周王室有关。所以'周道'是指由周王室修筑，通向王室各地（各诸侯国境内）的一种道路的专称。"根据文献及青铜器铭文所记周王室与各诸侯国往来的情况，推定了由王室中心地区通向各诸侯国几条道路的大概走向。从《诗经·小雅·大东》"周道如砥，其直如矢"（意谓周道其平为磨刀石，其直如箭杆），及《国语·周语中》"周制有之曰'列树以表道，立鄙食以守路'"等记述看，当时的周道比较宽阔平直，道旁还种有树，有些地方路边还有供行者饮食的庐舍，似按一定的规格、标准修筑的。

上引《国语·周语中》言"立鄙食以守路"，似路边之庐舍除为过往者提供饮食外，还肩负有"守路"的职责。《周礼·秋官·野庐氏》职文曰："掌达国道路，至于四畿。比国郊及野之道路、宿息、井、树。若有宾客，则令守涂地之人聚柝之，有相翔者则诛之。凡道路之舟车繄互者，叙而行之。凡有节者及有爵者至，则为之辟。禁野之横行径逾者。凡国之大事，比修除道路者。掌凡道禁。邦之大师，则令埽道路，且以几禁行作不时者、不物者。"意思是："掌管从王都通往四畿的道路，检查国都附近及远处的道路、过往者宿息庐舍、水井、树木。有宾客经过，则令附近居民组织起来打更守卫，发现有徘徊观望者则予以责罚。路上车辆发生拥挤堵塞时，要按秩序疏通。遇有外交使臣和有爵位的人经过，要让其他人回避。禁止横穿田野、越过沟堤乱闯。遇有国家大事，要督促检查养护道路的人。此外，还掌管道路上的有关禁令。国家有大的军事行动时，则下令清扫道路，并查禁不按规定时间通行和穿着奇特及携带奇异物品的人。"从上述记载看，当时已有一套交通管理机构和管理办法。

当时陆地上的交通工具主要是马车。西周的车，在长安、宝鸡、洛阳、浚县、上村岭等地皆有发现。从构造上看，与殷商车制大体属同一类型，与《考工记》所述亦基本符合，即双轮、独辕，长方形车箱。车子有两马驾的，叫"骈"；三马驾的叫"骖"；四马驾的叫"驷"。马车不仅是贵族乘坐的实用交通工具，也是贵族等级身份的象征。

北方及西北广大地区以畜牧业为主的少数民族，平时以马代步，转移牧场搬迁时则以牛、牦牛运载帐房及家什，有些地区，至今仍是这样，故

马和牛（青藏高原主要是牦牛）是这些地区居民们交通、运输的主要役畜。

西周的交通管理已经列入国家管理制度。《周礼》明确规定了有关交通管理官员的职责：以"司门"负责管理城市的门禁和市容；以"司关"负责管理道路的关卡，并征收关税；以"司险"负责修建田间道路和水渠，并执行紧急情况的交通管制；以"掌节"负责管理及稽查道路通行证件；以"野庐氏"负责管理"国野道路"及道路沿途的驿传和接待；以"合方氏"负责管理"天下道路"，并负责疏通物流，掌管计量标准。据《周礼》记载，西周的交通管理制度大体有四部分内容，即：跸禁制度、回避制度、人行制度、夜禁制度。

所谓"跸禁制度"即"警跸制度"，就是为保证王室贵族的安全，实行"清道禁行"的管理制度。对此，《周礼》有以下明确规定。

一是"（宫正）凡邦之事跸宫中、庙中"。这就是说，国家有重大活动时，名为"宫正"的职官就必须负责"清道"禁绝皇宫及宗庙沿途的行人干扰。

二是"王燕出入，（士师）则前驱而辟……诸侯为宾，则帅其属而跸于王宫，大丧亦如之。大师，帅其属而禁逆军旅者与犯师禁者，而戮之"。这就是说，国王的日常进出，由名为"士师"的职官负责执行清道禁行；如果有接待诸侯宾客的国务活动或王室的祭祀、丧葬活动，士师就必须指挥部属执行跸禁；如果有重大的军事行动，士师也必须指挥部属实施警戒，并处死敢于扰乱军伍或触犯"师禁"者。

三是"大祭祀、大丧纪、大军旅、大宾客，（乡士）则各掌其乡之禁令，帅其属夹道而跸"。这就是说，凡是王室有祭祀、丧葬活动，或军事行动以及外事接待活动，名为"乡士"的职官就必须负责执行当地的禁令，并按照《周礼》的规定指挥其部属夹道实施跸禁。

四是"若邦有大事聚众庶，（遂士）则各掌其遂之禁令，帅其属而跸"。这就是说，如果国王需要召集民众集会，名为"遂士"的职官就必须指挥部属参与执行跸禁。

五是"若有祭祀、宾客、丧纪之事，（内竖）则为内人跸。王后之丧迁于宫中，则前跸"。这就是说，如果有祭祀、丧葬，及外事接待等重大活动，后宫的"内竖"也必须为后宫的车驾执行跸禁；如果是王后的丧葬，"内竖"就必须为王后的灵柩清道，并执行辟禁。

六是"凡诸侯及诸臣葬于墓者，（冢人）授之兆，为之跸，均其禁"。这就是说，凡是诸侯或诸臣葬王室墓地，负责管理墓地的"冢人"就必须明确划分墓地区域，并执行跸禁，安排守墓。

所谓"回避制度"，就是《周礼》所称的"辟"，也就是为王室人员外出执行清道开路，驱使行人回避，其具体规定有以下几项。

一是"大宾客，（小司寇）前王而辟，后、世子之丧，亦如之"。这就是说，凡是有接待国宾的重要活动，或者王后、王子的丧葬活动，名为"小司寇"的职官必须直接参与执行清道辟禁。

二是"（条狼氏）掌执鞭以趋辟。王出入则八人夹道，公则六人，侯伯则四人，子男则二人"。这就是说，名为"条狼氏"的职官负责挥鞭清道。国王出入时由8人夹道执行，公爵出入时由6人执行，侯爵、伯爵出入时由4人执行，子爵、男爵出入时由2人执行。

三是"左嘉石，平罢民焉；右肺石，达穷民焉。（朝士）帅其属而以鞭呼趋且辟，禁慢朝、错立族谈者"。这就是说，朝堂左面立有一块纹路清晰的大石头，凡是不听从教诲者，就在此枷锁罚跪示众；朝堂右边立有一块

红色的大石头，凡是蒙冤受屈需要上诉者，都可以在此提出申诉。举行朝会时，名为"朝士"的职官必须指挥部属用鞭子驱散此处的民众，执行"回避"，并查禁与会人员中敢于怠慢或私下交谈者。

四是"凡有节者及有爵者至，（野庐氏）则为之辟。禁野之横行逾径者"。这就是说，凡是持有特殊证件或负有爵命的官员通行，名为"野庐氏"的职官就必须为之清道，禁绝行人横穿道路。

《晏子春秋》记载："古者人君出，则辟道十里。"可见西周回避制度规定的范围，已经达到10里之远。《左传》记载："（成公五年）梁山崩，晋侯以传召伯宗，伯宗辟重，曰：'辟传！'重人曰：'待我，不如捷之速也。'"就是说，周定王二十一年（公元前586年），陕西咸阳市乾县境内的梁山发生山崩，河水被阻塞，情况紧急。晋景公姬据下令以驿传紧急召见大夫伯宗。伯宗在路途中遇到一辆重车挡道，伯宗的随从大声呼叫重车"回避"，重车驾驶员却说前面发生山崩，我避开你也走不快，并随即告诉伯宗，必须如何妥善处理山崩。伯宗请重车驾驶员一同去见晋景公，重车驾驶员不肯去，伯宗只好将重车驾驶者的意见转告晋景公，晋景公采纳了他的意见。可见，春秋时期的"回避制度"已经有所放松。这正如《孟子》所言，"君子平其政，行辟人可也"。这就是说，有德行的执政者，其政令应当比较温和，执行"回避制度"的时候，只要不妨碍交通就行了，不必过于苛求。

所谓"人行制度"，即"男子由右，妇人由左，车从中央。父之齿随行，兄之齿雁行，朋友不相逾。轻任并，重任分，斑白不提挈"。这就是说，行人上路时，男人应当靠右走，女人应当靠左走，让出中间的车辆通道。遇到父辈年龄者，只能随后跟进；遇到兄长年龄者，只能侧后跟进；遇到朋友也不能超越。负担较轻的行人可以合并行李帮助别人分担重负，更不能冷眼旁观白发老人提着行李走路。

所谓"夜禁制度",就是严格禁止民众夜间上路通行的制度,其具体规定也有两项。

一是"(司寤氏)掌夜时。以星分夜,以诏夜士夜禁。御晨行者,禁宵行者、夜游者"。就是说,名为"司寤氏"的职官负责执行"夜禁制度"。

二是"(司门)掌授管键,以启闭国门"。这就是说,名为"司门"的职官,负责管理城门的管(钥)键(锁),负责按时开关城门。

西周的车马管理

西周的车马管制等级森严。主管公车的官员被称为"巾车",职责是监管公车的使用,督察公车等级规范的执行。同时还设有名为"典路"的职官,负责管理国王和王后的专车;设有名为"车仆"的职官,负责管理各种军用车辆;设有名为"司常"的职官,负责管理各类车辆的旗号;设有名为"校人"的职官,负责管理牵引车辆的马匹;设有名为"牧师"的职官,负责管理牧马场;设有名为"趣马"的职官,负责挑选和调训马匹;设有名为"巫马"的职官,负责治疗马病。

西周的公车管理制度规定,国王的专用车有5种。一是"玉路",二是"金路",三是"象路",四是"革路",五是"木路"。所谓"玉路",就是用

玉石装饰的豪华车，可以插上以日月星辰为图案的大旗，用于祭祀活动；所谓"金路"，就是用黄金装饰的豪华车，可以插上以龙为图案的大旗，用于会见国宾，也可以赏赐同姓诸侯；所谓"象路"，就是用象牙装饰的豪华车，可以插上以鹰为图案的红旗，用于朝见或册封活动，也可以赏赐异姓诸侯；所谓"革路"，就是用皮革装饰的军车，可以插上以熊、虎为图案的白旗，用于军事活动，也可以赏赐方国诸侯；所谓"木路"，就是用黑漆涂饰的轻便车，可以插上以龟蛇为图案的黑旗，用于田猎活动，也可以赏赐藩国诸侯。

王后的专车也有5种，即"重翟""厌翟""安车""翟车""辇车"。所谓"重翟"，就是用双层野鸡羽毛装饰的豪华车；所谓"厌翟"，就是用单层野鸡羽毛装饰的豪华车；所谓"安车"，就是设有帷幔和顶盖的轿车；所谓"翟车"，就是装饰有少量野鸡羽毛的轻便车；所谓"辇车"，就是用人力驱动的小车。

国王的丧车也有5种。其一是"木车"，其二是"素车"，其三是"藻车"，其四是"駹车"，其五是"漆车"。所谓"木车"，就是用蒲草遮蔽的丧车；所谓"素车"，就是用麻布遮蔽的丧车；所谓"藻车"，就是用水草遮蔽的丧车；所谓"駹车"，就是用苇席遮蔽的丧车；所谓"漆车"，就是用漆席遮蔽的丧车。这5种丧车，分别使用于不同的丧葬期间。"木车"使用于丧葬初期，"素车"是送葬、哭葬的用车，"藻车"是丧期第13个月的祭奠用车，"駹车"是丧期第25个月的"除服"用车，"漆车"是丧期第27个月的祭奠用车。

此外，西周王朝还明确规定各级官员的用车标准："三公"级别的高级官员可以乘坐刻有五彩线条的"夏篆"轿车；卿级的高级官员可以乘坐

西周的马车铃铛

绘有五色线条的"夏缦"轿车；大夫级别的官员可以乘坐黑色的"墨车"；士一级官员可以乘坐没有皮革装饰的"栈车"；一般民众就只能乘坐运货的"役车"。《诗经》305篇，就有57篇言及车辆，可见西周时期的车辆使用已经十分频繁。

　　西周的马车仍然是独辀车，也就是单辕车，普遍使用两服两骖的4匹马牵引，但是整车结构已经更为合理，部件也更为精密，增加了仪、轼、轸、轵、輶、蝮等实用配置。所谓"仪"，就是车衡上贯穿缰绳的金属大环；所谓"轼"，就是车厢前面的扶手；所谓"轸"，就是车厢底部加固的横木；所谓"轵"就是车轴顶端的固定装置；所谓"輶"，就是车厢两旁的挡泥板；所谓"蝮"，就是车轴与车厢之间的垫木，俗称"车伏兔"，有一定减震作用。

　　西周时期的牛车已经出现"单牛双辕"的制式，首开"独辚车"向"双辕车"发展的先河，是古代车辆史的一次重大变革。到东周战国时期，双辕马车也相继问世，随之导致"胸带式系驾法"的产生。"胸带式系驾法"使"车辀"与"车靷（马匹牵引车辆的皮带）"分离，两条皮带连接成为一条绕过马匹胸部的胸带。马匹牵引车辆时，只是胸带受力，车辀仅是起支

撑车衡、车辕的平衡作用，受力点分别是马匹的颈部和胸部，马匹的局部受力相应减轻，有利于马匹体力的发挥。这种先进的"胸带式系驾法"，西方国家直到公元8世纪之后才逐渐采用，整整比中国落后1000年。

西周的道路养护

《诗经》有一首名为《天作》的诗歌："天作高山，大王荒之。彼作矣，文王康之。彼徂矣，岐有夷之行，子孙保之。"意思就是：天生这巍峨的岐山，经过太王（古公亶父）的艰辛创业，显示出无限宽广；经过文王的苦心经营，更成为人心所向；民众纷纷奔赴岐山，岐山的道路何其坦荡；子孙后代一定要精心保养，保持一路通畅。按《毛序》的说法，《天作》是周族人祭奠先王的祭祀之作。由此可见，周人已经把养护道路作为对先人的庄重承诺。西周的道路养护工作，主要有四项内容，即"列树""巡行""清道""视途"。时至今日，这四项工作仍然是公路养护部门的基本职责。

所谓"列树"，就是种植行道树。据《国语》所言，"周制有之曰：'列树以表道，立鄙食以守路'"。所谓"鄙食"，就是边远地区设置的"道班房"，提供公费食宿。意思就是：周王朝有制度规定，必须种植"行道树"标示道路，即使是边远的地方也设有供给伙食的"道班"养护道路。由此可见，西周时期就已经明确规定有植树指路、植树护路，以及"道班"养路的国家制度。

所谓"巡行",就是巡视检查道路养护情况。《周礼》记载:"野庐氏,掌达国道路。"(东汉)郑玄注释就是:"达道路者,山川之阻则开凿之,川泽之阻则桥梁之也""达谓巡行通之,使不陷绝也"。这显然是指巡查养护道路,随时保证道路畅通。

所谓"清道",就是《周礼》所说:"若有宾客,则令守涂地之人聚柝之。有相翔者,诛之。凡道路之舟,车輂互者,叙而行之。凡有节者及有爵者至,则为之辟。禁野之横行,迳喻者。凡国之大事,比修除道路者,掌凡道禁。邦之大师,则令埽道路,且以几禁行作不时者、不物者。"意思就是:有国宾到来的时候,必须组织养路工打更巡夜,处死敢于窥视者;如果发生车辆碰撞事故,必须及时恢复交通秩序;凡是持有通行证件者或负有爵命者到来,必须为他们引路开道,查禁行人;凡是国家有政治军事行动,就必须集中养路工疏通道路、清扫道路,并查禁违规通行者或形迹可疑者。由此可见,西周制度规定的"清道",并不只是简单的道路清扫工作,而是包括道路维修、道路养护、道路清扫,以及道路警戒的综合任务。

所谓"视途",就是《国语》所说的"司空视途"。司空是西周时期开始设置的高级官员,其地位仅次于"三公",位列"六卿(天官冢宰、地官司徒、春官宗伯、夏官司马、秋官司寇、冬官司空)",职责是掌管全国的工程建设,相当于后代的"工部尚书",属于国家部长级高官。《左传》曾记载子产的一段话:"侨(子产姓公孙名侨)闻文公之为盟主也,宫室卑庳,无观台榭,以崇大诸侯之馆。馆如公寝,库厩缮修,司空以时平易道路,圬人以时填馆宫室。诸侯宾至,甸设庭燎,仆人巡宫。车马有所,宾从有代,巾车脂辖,隶人牧圉,各瞻其事。百官之属,各展其物。公不留宾,而亦无

废事。忧乐同之，事则巡之，教其不知，而恤其不足。宾至如归，无宁灾患？不畏寇盗，而亦不患燥湿。"这段话的意思就是：我听说晋文公做诸侯盟主的时候，自己居住的王宫很简陋，没有楼台亭榭，但是却修建高大舒适的宾馆接待诸侯宾客，连库房、马厩都修缮一新；司空按时维修道路，泥瓦匠及时粉刷墙壁，诸侯宾客一到达，庭院中就生火焚香、照明，保安人员随即巡逻警戒；车辆有人保养、维修，宾客有人陪同、侍候，马匹有人牧放、看管，各部门分别履行职责，大小事务都不会贻误，更不会耽误宾客的行程；做到与宾客忧乐与共，随时为宾客通报情况，排忧解难，使宾客感受到家的温暖，根本不用担心会有什么麻烦，更不必害怕偷盗以及燥热、雨湿会损坏货物。这段话出于周景王三年（公元前544年），子产陪同郑简公姬嘉前往会见晋平公姬彪，晋平公却不肯及时接见，子产就故意拆毁驿馆的围墙，晋文公派大夫士文伯去责怪子产，子产就乘机讲出一番道理，引起晋平公的重视。于是"晋侯见郑伯，有加礼，厚其宴好而归之"。从子产这段振振有词的辩解中，我们不难看出西周制度规定的"司空视途"不仅是对道路养护的高度重视，而且是任务明确的工作职责。

西周时期的道路维修被列为"野役"一类的工程项目，由"遂"级行政单位负责组织实施。《周礼》所谓"若起野役，则令各帅其所治之民而至，以遂之大旗致之，其不用命者，诛之。凡国祭祀，共野牲，令野职。凡宾客，令修野道而委积"。这显然包括道路维修工程。由此可见，西周时期远离城郊的道路还处于落后状态，一旦有迎接宾客之类特殊需要，就必须由"遂"级行政单位动员民众"起野役"，也就是临时组织道路维修。凡是不肯积极参加修路者，就将面临死刑威胁。周代的"遂"，由1.25万户人家组成，管辖5个"县"（每个"县"管辖5个"鄙"，每个"鄙"管辖5个

"鄁",每个"鄁"管辖4个"里",每个"里"管辖5个"邻",每个"邻"有5户人家),行政级别相当于后来的"郡(地区)"一级建制。"遂"的行政首长称为"遂大夫"。按照《周礼》的编制规定,每个"遂"设置"遂大夫"1人(中大夫),相当于"专员"。其副手称为"遂人",设有2人,也是中大夫级别,相当于"副专员"。"遂大夫"的部属设有"遂师"4人(下大夫),其助手有上士8人、中士16人、下士32人,配备有管理员4人、文书12人、班组长12人、勤杂员120人,其主要工作任务就是"巡其道修,庀(置备)其委积"。这就是说,"遂师"的工作职责就是巡视道路的维修工程,并负责监督检查道路沿途驿馆的储备情况,这显然已经包括现代地区交通局的工作内容。

扩展阅读　烽火戏诸侯

烽火又称"烽燧""烽堠",是商代创设的报警系统,也就是在边防沿线修筑瞭望台,并延伸到通往边防城镇及首都的交通大道上,以白天放烟为"烽",夜间举火为"燧"。烽火台的使用早于长城,后来与长城结为一体,构成中国古代的边防体系,一直延续使用到清圣祖康熙时期,时间长达3000年之久。

烽火台有方、圆两种造型,类似于后来的碉楼。其布局分为三类:第一

类设置于边防前沿，是监测敌情的耳目；第二类设置于边防沿线，任务是向边防守军传递情报，传达命令；第三类设置于通往首都的交通大道沿线，任务是直接向朝廷报警，或传达朝廷命令。《通典》记载："烽台，于高山四顾险绝处置之，无山亦于孤迥（远）平地置。下筑羊马城，高下任便，常以三五为准。台高五丈，下阔二丈，上阔一丈，形圆。上建圆屋覆之屋径阔一丈六尺。"从目前发现的烽火台遗址看，其高度约 15 米左右，地基边长约 5—8 米。

先秦时期烽火台的警戒信号有 6 种，即蓬（蓬草）、表（树枝）、鼓（鼓声）、烟（狼烟）、苣火（苇秆扎成的火炬）、积薪（木柴燃起的大火）。如果入侵之敌不满千人，就点燃 1 个火堆；超过千人，则点燃 2 个火堆；超过 2000 人，则点燃 3 个火堆。此外，还有举蓬、举表、举苣火，以及敲击鼓点的约定，类似于后代的"旗语"和非洲的"鼓语"，可以传递更多的信息情报。

《史记》记载："褒姒不好笑，幽王欲其笑万方，故不笑。幽王为烽燧大鼓，有寇至则举烽火。诸侯悉至，至而无寇，褒姒乃大笑。幽王说之，为数举烽火。其后不信，诸侯益亦不至。"这就是历史上著名的"烽火戏诸侯"的故事。意思是，周幽王的宠妃褒姒不喜欢笑，周幽王千方百计想逗她笑一下，褒姒仍然不肯笑。周幽王为博取褒姒的欢笑，竟然下令举烽火、击鼓。于是诸侯各国纷纷派兵赶来勤王，结果发现是被戏弄一场，褒姒终于为此开怀大笑，周幽王很高兴。

接连胡闹几次之后，即使周幽王多次举火、击鼓，诸侯各国也不肯再响应。"烽火戏诸侯"的最后结果是，申侯勾结犬戎（匈奴）突袭镐京（西安市长安区斗门镇），追杀周幽王于骊山脚下，褒姒也被俘虏，西周王朝的

烽火台遗迹

首都镐京因此被焚掠一空。后来即位的周平王姬宜臼只好迁都到东都洛邑（洛阳市老城区），周王朝由"西周"演变为"东周"，中国历史从此进入战乱频仍的"春秋战国"时期。

第七章

探本溯源
——古老的华夏制度文明

我国的制度规范起源于夏、商、周三代，其中一些重要的政治制度不仅鲜明地反应出中国古代政治制度的历史和地域特色，对三代政治文明发展起了重要的保证作用，而且其兴衰为中国古代专制主义中央集权制度的产生和发展提供了必然基础，为以后我国古代中央集权制度产生、发展的必然性，做了合理的铺垫。

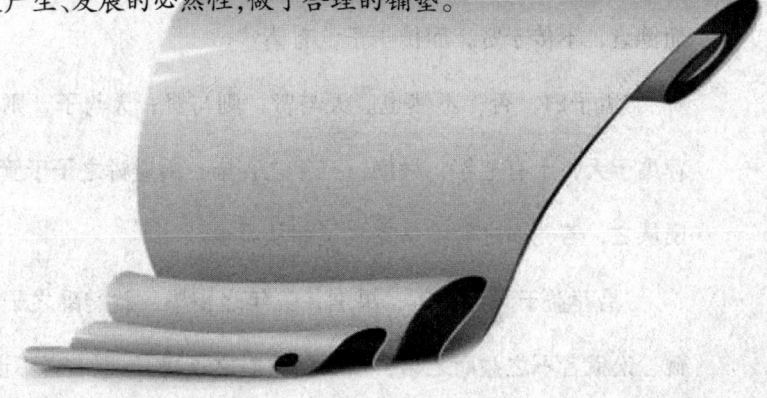

帝制文明——世袭制

世界各地的人类社会早期都曾出现过世袭制度的政权，其中多数为封建世袭制度。"世袭制"就是古代君王下台后，将皇帝的位子传给自己的儿子。世袭制就是名号、爵位以及财产等按照血统关系世代传承，这种传承主要有"家长"的传承，诸侯国的传承。"家长"的传承还可分为父系与母系。执政的君主也有承接，君主与君主之间可能有血缘关系，但不一定就是直系，有的是兄传弟，也有的是叔传侄；有的是受命于王，还有的是抢班夺权、谋权篡位，故而不在世袭之例。世袭制从大禹打破"禅让制"，传位给他的儿子启就开始了。

启是如何取得继承权而得到王位的呢？历史文献记载不一。

1. 最早的记载见之于《孟子·万章上》："万章问曰：人有言，至于禹而德衰，不传于贤，而传于子，有诸？"

"孟子曰：否，不然也。天与贤，则与贤；天与子，则与子。昔者，舜荐禹于天，十有七年，舜崩，三年之丧毕，禹避舜之子于箕山之阳，天下之民从之，若尧崩之后不从尧之子而从舜也。"

"禹荐益于天，七年，禹崩，三年之丧毕，益避禹之子于箕山之阴。朝觐、讼狱者不之益而之启，曰：'吾君之子也。'讴歌者不讴歌益而讴歌启，曰：'吾君之子也。'丹朱之不肖，舜之子亦不肖。舜之相尧，禹之相舜也，历年多，施泽于民久。启贤，能敬承继禹之道。益之相禹也，历年少，施泽于民未久。舜、禹、益相去久远，其子之贤不肖，皆天也，非人之所能为也。"

这里孟子通过讲述尧舜禹相传的历史来颂扬远古的禅让制度，在谈到禹传位的历史时，同是"禹荐益于天"，仍然采用"禅让"，推举东夷人首领伯益来继位。但是，由于"启贤，能敬承继禹之道"，而益"历年少，施泽于民未久"，天下之民都从启而不从益，因此，禹死后，启继承了王位。在孟子笔下，传贤传子都是"天意"所定，而禹传启，本质上也是传贤。

2. 《史记·夏本纪》基本照录《孟子·万章上》的内容，写道："（禹）而后举益，任之政。十年，帝禹东巡狩，至于会稽而崩。以天下授益。三年之丧毕，益让帝禹之子启，而辟居箕山之阳。禹子启贤，天下属意焉，及禹崩，虽授益，益之佐禹日浅，天下未洽，故诸侯皆去益而朝启曰：'吾君帝禹之子也。'于是启遂即天子之位，是为夏后帝启。夏后帝启，禹之子，其母涂山氏之女也。"

除个别词句有所改动外，其基本内容与《孟子》毫无二致。

3. 《古本竹书纪年》记益干启位，启杀之。与《孟子》的"禅让"说不同，是讲伯益篡夺了启的君位，所以启把伯益杀了。《古本竹书纪年》记载这类事件不仅这一项，还有"伊尹放太甲""文丁杀季历""共伯和干王位"等，与一些史书记载多所不同，都是讲乱臣贼子的事，这好像是战国时代的一种思潮，是对当下世道的借题发挥，是否符合历史难以考证。

4. 最近《上博楚竹书·容成氏》的发表又为禹传位问题提供了一条新证据。其中，第三十三、三十四篇，简文云："禹有子五人，不以其子为后，

见皋陶之贤也，而欲以为后。皋陶乃五让以天下之贤者，遂称疾不出而死。禹于是乎让益，启于是乎攻益自取。"与《古本竹书纪年》不同的是，《纪年》是讲禹死传子，启继位，益觊觎君位，起来闹事，被启杀了。而《容成氏》记述的是禹有五子，没有传子，而是继续实行禅让，先选了皋陶，因皋陶"称疾不出而死"，禹又选了益，益即将上任，"启于是乎攻益自取"，启夺取了王位，从此中国历史开始了世袭传子制。

无独有偶，战国和西汉文献上类似《容成氏》的内容还有如下一些记载：

《韩非子·外储说右下》云："古者禹死，将传天下于益，启之人因相与攻益而立启。"

《楚辞·天问》云："启代益作后。"

《史记·燕召公世家》云："禹荐益，已而以启人为吏，及老，而以启人为不足任乎天下，传之于益，已而启与交党攻益，夺之。天下谓禹名传天下于益，已而实令启自取之。"

大禹雕像

与《战国策·燕策一》对照，除字句略有不同外，几乎是照录无误。

我们列举了以上各种说法，尽管禹启继位问题有不同的文本，但禹传于启的史实是不变的，主要是在叙述中间环节时出现了异说，产生不同版本的演绎。究竟哪一种符合史实，目前还难以判断。不过《容成氏》简文的面世，作为战国中后期写成而尘封在地下2000多年的文献，与战国时代传世文献的相关内容如出一辙，令人吃惊。至少我们可以认为"启攻益而自取"当有一定历史依据，不要轻易否定。而启的此举事出有因，当与禹欲禅让于益的举措有关。从禅让到传子经历了一个从不适应到适应的过程，甚至这中间发生流血冲突也难以避免。制度的变迁反映时代前进的步伐，孟子把这种变化说成"天"意，实际上世袭传子制的确立，为"家天下"的国家机器长期运作奠定了基石。而"启攻益自取"，正是在中国历史上开了世袭传子制的先河。

儒家文献把禅让制转变为世袭制看成是从"大同"社会过渡到"小康"社会的主要表征。大家熟知的《礼记·礼运》作如下表述："孔子曰：'大道之行也，天下为公，选贤与能，讲信修睦。故人不独亲其亲，不独子其子，使老有所终，壮有所用，幼有所长，矜寡孤独废疾者皆有所养；男有分，女有归；货恶其弃于地也，不必藏于己；力恶其不出于身也，不必为己。是故谋闭而不兴，盗窃乱贼而不作，故户外而不闭，是谓大同。今大道既隐，天下为家，各亲其亲，各子其子，货力为己，大人世及以为礼，城郭沟池以为固，礼义以为纪，以正君臣，以笃父子，以睦兄弟，以和夫妇，以设制度，以立田里，以贤勇知，以功为己，故谋用是作，而兵由此起。禹、汤、文、武、成王、周公，由此其选也。此六君子者，未有不谨于礼者也，以著其义，以考其信，著有过，刑仁讲让，示民有常。如有不由此者，在执者去，众以为殃，是谓小康。'"

这里不去分析儒家"大同"和"小康"理想并存的具体内容，但是从中确实反映出当时的思想精英们已敏锐地洞察出远古社会和现实社会在政治制度层面上的本质差别，即前者是"选贤与能、讲信修睦"的"禅让"社会，而后者从禹开始则进入"大人世及以为礼"（父死子嗣、兄终弟及）的

世袭社会。用今人的眼光来讲,就是由氏族的民主社会过渡到"以礼治国"的文明社会。

知识链接

禅让制与世袭制

禅让制是中国统治者更迭的一种方式,指在位君主生前便将统治权让给他人。形式上,禅让是在位君主自愿进行的,是为了让更贤能的人统治国家。通常,禅让是将权力让给异姓,这会导致朝代更替,称为"外禅";而让给自己的同姓血亲,则被称为"内禅",让位者通常称"太上皇",不导致朝代更替。世袭制取代禅让制,标志着部落分散统治结束和奴隶制国家的诞生。

井田制文明 从鼎盛到衰败

井田制是中国古代社会的土地国有制度,井田制出现于商朝。井田制在经历了夏、商两代的产生和发展后,在西周前期达到了鼎盛时期。此后,便渐露衰败迹象,其表现是:土地交换、转让的发生,周宣王"不籍千亩"和"料民于太原"事件的出现。

1. 土地交换、转让的发生

大家知道，在井田制下，土地公有，是不能随便买卖、转让的，即所谓"田里不粥（鬻）"（《礼记·王制》）。可是这种状况从西周中后期开始有了变化。这种变化，主要反映在当时的一些铜器铭文上。如：

《卫盉》：共王时器。记裘卫以瑾璋（玉器）、赤琥（红色玉虎形器）、麀（公麋）皮披肩、蔽膝等物从矩伯那里换得十三田，并得到官方确认。

《五礼卫鼎》：共王时器。记因水利或祭祀河神中的某种原因，邦君厉答应给裘卫五田，并得到了官方的认可，办成。

《九年卫鼎》：共王时器。记矩伯为参加周王举行的庆典，从裘卫那里取得省车等物。裘卫还向矩伯之妻赠送了帛。

《曶鼎》：懿王时器。记匡季的手下人抢了曶的十秭禾，经东宫裁定和双方协商，匡季向曶赔了七田和五个人。

《格伯簋》：共王或西周晚期器。记格伯与倗生间以良马四匹交换三十田事。

《散盘》：厉王时器。记矢王侵夺散邑，后不得不用田作出赔偿。

有的学者认为，上述金文材料证明，西周中晚期"土地是能够交换买卖的。"有的学者则认为，卫盉、鼎中的"贮田""属于田地交换，只是占有权的转移，并未改变占有权，所以要报告执政，而执政们也来处理，派官勘界付田，说明土地国有性质并未改变，土地换得者也仅有占有权"。土地交换"是由土地占有制转变到私有制的一个环节"。亦有学者认为，"在整个井田制兴盛时期，土地是不能买卖的。也就是说，土地只能分配使用，不能据为己有。《礼记·王制》篇中记载，"'古者，田里不鬻'，是一桩铁证。但有人从西周封建的古史分期观点出发，企图使用青铜器铭文中零星

的字句，来证明西周时候已经有了土地买卖了。这样，中国历史的发展，就无端提早了五六百年。"有的学者认为，西周金文中的土地转让，应"看成或称作是周王对土地的改封。周王将土地分别封赐给大小奴隶主贵族，称作是分封。土地从某些贵族手中转移到另一些贵族手中，而又得到周王批准，履行法定手续，向来称为改封"。还有学者认为，"西周时期，土地在一定条件下的转移和交换，正是领主制封建等级土地所有制本身的重要内容，是叠合着的等级土地关系得以正常运转，减少矛盾的润滑剂。土地交换不仅不是西周初年建立起来的等级土地所有制瓦解的前兆，相反，它是等级土地所有制自我调节、自我完善的重要机制。

由此可知，诸家在对西周中后期出现的土地交换、转让现象的认识上，尚存在相去甚远的不同看法。

2. 关于"不籍千亩"

《国语·周语上》："宣王即位，不籍千亩。"韦注："籍，借也。借民力以为之。天子田籍千亩，诸侯百亩。自厉王之流，籍田礼废，宣王即位，不复古也。"

《孟子·滕文公上》谓"殷人七十而助""《诗》云'雨我公田，遂及我私'，惟助为有公田。由此观之，虽周亦助也"。又谓助者，藉也。商、周的这种井田"助法"，即所谓"籍田以力（《国语·鲁语下》）""制公田不税夫（《考工记·匠人》郑注）"，实即力役地租。这种井田"助法"，不但行之于"野"，也行之于"国中"。不过，"野"与"国中"的井田"助法"又稍有不同：在"野"，实行八家共井的所谓"九一而助"，"公田""私田"皆小块夹杂错落在一起；"国中"的"公田"曰"藉田"，以千亩为单位相对集中，"往往是集中十个千亩在一起，故《诗》又有'十千'之称"。所谓

"宣王即位，不籍千亩"，据徐中舒师研究藉田废止必然尚在宣王以前。《国语·周语上》说："荣夷公好专利，厉王用他为卿士，向他学专利，终于引起人民的诽谤和诸侯的不享（不向他朝贡），三年之后，人民就起来把厉王驱逐到晋国的彘邑去了。厉王专利不外向人民和诸侯加紧剥削，对人民则废藉田而征收私田什一或更多的税，对诸侯则要求更多的贡献；尤其是废藉田而征收份田的生产税，可能是荣夷公先在他自己采地上实行有效的办法，因而引起周厉王的贪欲。"厉、宣之世"籍田礼废"后所实行的向生产者征收生产税的举措，实质是"废除了公田的徭役劳动而征收实物地租（彻法）"。这个实物地租的"彻法"，即春秋鲁宣公十五年的"初税亩"；西周末年，实物地租虽已出现，但毕竟还是星星之火，到春秋战国时期始推广开来，终成燎原之势。

3. 关于"料民于太原"

《国语·周语上》又载："宣王既丧南国之师，乃料民于太原。仲山父谏曰：'民不可料也。夫古者不料民而知其少多，司民协孤终，司商协民姓，司徒协派，司寇协奸……是则少多死生出入往来者，皆可知也。……不谓其少而大料之，是示少而恶事也。'"韦注："料，数也。"说的是宣王对外打了大败仗，丧师甚众，为补充兵员，于是在太原这个地方清理户口。仲山父讲"古者不料民而知其少多"是讲对了，但他却不懂得古者之所以能够不料民而能知其少多，关键并不在平时有司民、司商、司徒、司寇等的勤于职守，而是在于人民在村社井田制下"死徙无出乡"（《孟子·滕文公上》）的稳定社会结构。西周末年，由于生产力的发展及战乱等原因，村社井田制渐呈衰败迹象，人民流徙逃散的情况渐多，旧的户籍既已名实不符，周宣王也就只好不顾"示少"的脸面而"料民"了。

凡此种种，皆表明由来已久的村社井田制在经历了西周前期的鼎盛后，到了西周中晚期已渐呈颓势。但从总体上看，这时的村社井田制仍有相当的生命力，距全面崩溃瓦解尚有一段时日。

夏、商、周的法律与法规

公元前21世纪，随着夏朝的建立，我国进入阶级社会，作为主要国家机器之一的法律便也建立起来。虽然夏朝之前也有习惯法，有司法官，但真正形成法律制度的当从夏朝开始。夏朝于公元前16世纪结束，继夏而起的是商朝，商朝经过5个世纪的统治后，被西周王朝所取代，西周王朝于公元前770年终止。夏、商和西周时期的法律制度是中国奴隶制法律制度，也是中国法律制度的开端。

夏朝法律，总称"禹刑"。以禹命名，表示对开国君王和杰出祖先禹的崇敬和怀念。"刑"在中国古代与法相通，是法的代名词之一。"禹刑"的具体内容包括：

1. 罪名

根据《左传·昭公十四年》所引《夏书》记载："昏、墨、贼、杀，皋陶之刑也。"意思是说：犯强盗罪、贪污罪和杀人罪，都要被处死，这是皋陶的法律。可见，夏朝时就已有了上述三种罪名。皋陶，是舜禹时的司法官，被看作是中国古代制定法律的创始人。

2. 刑名

主要刑名称为五刑，即：大辟、劓、宫、膑（刖、剕）、墨。大辟是杀头，劓是割鼻子，宫是毁坏生殖器官，膑是凿去膝盖骨（刖是断足，剕是斩脚趾），墨是割破面部，伤口涂上墨，令其变色，伤愈后留下深色伤疤。

3. 刑罚适用原则

夏朝随着统治经验的积累形成了一些初步的刑罚适用原则。例如："与其杀不辜，宁失不经。"辜是罪，经是常法。意思是指：宁可不按常法办事，也不能错杀无罪的人。"罚弗及嗣……宥过无大，刑故无小……罪疑惟轻。"所谓"罚弗及嗣"是指施用刑罚仅限于本人，不株连子孙；"宥过无大"指过失犯罪虽然后果较为严重，但可从宽；"刑故无小"指故意犯罪虽然轻微，也要从严；"罪疑惟轻"是指犯罪情节有可疑之处的，即使处刑也要从轻。

商朝是奴隶制社会的发展时期。商代的法律制度，在夏代"禹刑"的基础上，有了进一步的发展。"商有乱政，而作汤刑""汤刑"是商代的主要法律，也是商代法律的总称。以汤为名，与"禹刑"以禹为名一样，也是为了表示对商代开国君王成汤的崇敬和怀念。

商朝基本沿用了夏朝的刑名，即夏五刑：大辟、劓、宫、刖、墨。但到了商朝末期，国王纣暴虐无道，增加了一些残酷的刑罚手段，如"族诛"，即一人犯了罪，他的父母妻子儿女及其他亲属都要受到株连，一起被杀死；"醢"，即将人剁成肉泥。如夏朝老臣九侯和鄂侯，因实在看不惯纣的荒淫残暴，就大胆规劝纣。纣不仅不听，反而将他们杀死。杀后仍不解恨，又命人将他们剁成肉泥；"剖心"，即剖开胸膛取出心脏。纣的叔父比干因进言劝

147

告纣，惹怒了纣，纣命人将其心挖出来；"炮烙之法"，即在烧热的铜柱上泼油，让受刑人在上面行走而掉到火里。纣的残暴无道是商朝灭亡的主要原因之一。

商朝设置了专门处罚官吏行为不端的"官刑"，规定了"三风十愆"的罪名。如无节制地歌舞、贪财好色、不听忠言、亲近小人等，都属"三风十愆"。如果卿士之官触犯其中之一的，即取消他贵族高官的特权地位。如果君王有这些行为，大臣不去匡正也要受到墨刑的惩罚。

在继承关系上，基本确立了大小贵族之间有关王位、官职的嫡长子继承制。嫡子是妻所生的儿子，妾所生的儿子叫庶子，嫡子的社会政治地位远高于庶子，皇帝的王位、贵族的官职要由嫡子中的长子继承，在财产继承上嫡子优先于庶子。比如商王帝乙有长子微子启和小儿子纣，结果帝位传给了小儿子纣，而不是长子微子启。其原因就是纣的母亲是正后，他是嫡出，而微子启的母亲是妾。嫡子继承权的确立是为了保证政治特权和财产不至于分散、削弱。

周原是商朝的西北方属国。公元前11世纪，商王朝内部发生动乱，周武王乘机率兵推翻了商朝，建都镐京（今西安附近），从此时起至公元前770年周幽王被杀、周平王东迁洛邑止，历史上称为西周。周平王东迁国都以后的五朝称为东周。西周是中国奴隶制发展的全盛时期，也是奴隶制法律发展的高峰。它的许多法律规定和法律原则都传至后世。

周初主要的法律，有"九刑"和"吕刑"。此外，周王发布的诰（关于施政的指示和命令）、誓（军令）和命（命令）具有最高的法律效力，也是法律的重要形式。比如，周武王讨伐纣时，在孟津渡河、牧野作战时都发了誓，宣布了纣的暴逆无道，列数其罪状，这些罪状就成了罪名。

西周的罪名主要有：侵犯王权罪，暴乱罪，违反宗法伦理关系的不孝罪、不悌罪、不敬祖宗罪，杀人罪，杀人劫财罪，盗窃罪，诱拐奴隶罪，聚众饮酒罪等。

西周的刑名主要就是"九刑"中的九种刑罚手段，即在墨、劓、刖、宫、大辟之外加上流、赎、鞭、扑。流即流放，赎是用铜赎罪，鞭是鞭打，扑是打板子。前五种刑叫正刑。此外，"吕刑"对赎刑制度作了更具体规定：五刑之中有疑问者，均可以赎罪。赎刑制度建立的直接目的，是为统治者收敛财富，但客观上，它给中国古代刑罚制度增加了新的内容。

周初以周公为首的统治者实行礼治，提出了"明德慎罚"的法律指导思想。"明德"意思是发扬德行，崇尚德教；"慎罚"意思是用刑要谨慎宽缓，不能滥用，不能无端加重。在这种法律思想的指导下，西周形成了一套断罪量刑的原则："世轻世重"，即根据各个地区的具体形势和社会的稳定情况，采取轻重不同的刑罚。如：治理刚刚建立起来的国家，处罚要从轻；治理稳定发展的国家，适用一般的法律；治理乱国，则要用重典。

区分故意犯罪和过失犯罪，惯犯和偶犯。故意犯罪和惯犯虽是小罪也要处以重刑，过失犯罪和偶犯虽有大罪亦可减刑。

反对实行株连的族刑，提出了父子兄弟罪不相及原则，即一人犯罪，只由本人承担责任，遭受惩罚，不能牵连到父亲、儿子或兄弟。

罪疑从赦。对于有疑问的、证据不是很确凿的犯罪行为，对罪犯的处罚要从轻或者免除。

上下比罪，即类推。如果一项犯罪行为，法律没有明确规定的，则比照法律其他相类似的规定处理。

知识链接

西周的婚姻制度

　　西周的婚姻制度继承夏、商时的一夫一妻制，但在奴隶主贵族中盛行一夫多妻制。西周时，婚姻要符合礼制的规定，才会被社会所承认。首先要有"父母之命，媒妁之言"。其次要按聘娶礼制，遵守"六礼"的习俗。"六礼"包括：纳采、问名、纳吉、纳币、请期、亲迎，是古代六道结婚程序。"纳采"，是男家请媒人到女家提亲，女家答应议婚后，男家备礼前去求婚。"问名"，是男家请媒人到女家问女方的名字和出生年月日，然后由父母到宗庙去求神问卜，求决于祖先鬼灵。"纳吉"，是男家卜得吉日良辰之后，准备礼品通知女家，正式缔结婚姻。"纳币"，又称"纳征"，是男方将聘礼或聘金送给女家，所谓"非受币不交不亲""无币不相见"，交了钱财才能成亲。"请期"，是男家选择好吉日定为婚期，备礼告知女家，求其同意。"亲迎"，是新郎亲自到女家迎娶。这种婚姻程序是包办强迫与买卖婚姻相结合的体现，充满浓厚的迷信色彩。

西周的宗法制与分封制

夏、商、周三代的王作为至尊，融神权、宗法权于王权之中，构筑起以君主为首的王权专制和以分封宗族为主的国家政体。虽然王垄断着传达"天"意的大权，自以为王权"天"授，"有夏服（接受）天命，有殷（商）受天命（《尚书·召诰》）"。

"丕显文（王）武（王），受天有大命（《大盂鼎》铭文）"，所以王又称"天子""天王"，自称"予一人"。但是，此时为王者一方面利用自己的地位和权力不断摆脱"天"这一超人的意志的约束，另一方面却又要把这种约束牢牢地笼罩在其臣民的头上。因而，神权更多的是充当为王权作装饰的角色，使王权多一层迷惑其臣民的神秘灵光。实际上，王权主要体现在与宗法权的紧密结合上。

宗法权是以血缘关系为纽带形成的一种权力。有着共同血缘关系的人们，尊崇共同的先祖，视为同宗。在宗族内部，为维系亲属间的关系，须得区分尊卑长幼，并规定承继秩序以及不同地位的宗族成员的不同权利和义务。在原始氏族社会，尊重和服从先祖或长辈是天然的习俗，但同时它又成为宗法权出现的基础。氏族首领转而成为国家的主宰时，必然将先前对宗族的控制方式带到对国家的掌握之中来。国以家（宗族）为本，家是国

的基本单位和基本模式，国也就必定成为扩展开来的家（家族）。"家天下"这三个字，非常准确地概括出王权的基本特征。与其说夏、商、周三代是神权、宗法权与王权紧密结合的政治体制，不如说是宗法权与王权紧密结合的政治体制更能反映历史的本质。

夏、商、周三代的王权，可以用我国早期文献中的两句话概括，即"溥天之下，莫非王土；率土之滨，莫非王臣。（《诗经·小雅·北山》）"和"礼乐征伐，自天子出（《论语·季氏》）"。前一句说的是王对土地和臣民的占有权，后一句说的是王掌握着对重大国事的决策权。征伐自天子出，大家比较明白，是说天子掌握兵权。礼乐自天子出，是指天子掌握祭祀上帝和先祖的主祭权。当时，祭祀上帝和先祖被视为是头等大事，它既象征王的崇高地位，又表示其在宗族内的权威。而祭祀是有一套礼仪和用乐的规定的。天子之外，诸侯无权祭祖（极个别许以立先庙祭祖者例外），也无权随便用乐。

至于宗法权，夏朝王族不仅以其宗族出自禹，更上溯到黄帝。禹为姒姓，其后世有夏后氏、有扈氏、有男氏、斟寻氏、彤城氏、褒氏、费氏、杞氏、缯氏、辛氏、冥氏、斟戈（一作斟灌）氏等分支。王位在夏后氏王族内世袭，其他支族则被分封于各地，以国为姓，成为夏王朝的侯、伯，作为控制整个国家的依靠力量。到了商朝，商王即王族族长，为天下大宗。甲骨文中，还有子族、多子族等名称，其族长称"子"。在本宗内也君临一切。商王以大宗的身份和地位控制各"子"，通过他们掌握各宗族。无论是商王，还是各"子"，都是世袭。世袭在当时有"父死子继"和"兄终弟及"两种形式。父传子叫作"世"，兄传弟称为"及"。不过，商王祭祖重直系而轻旁系，显示出其嫡庶之分的观念，还是优先考虑嫡长子继位。西周初期发展并完善了商朝以来的宗法制度。周天子与同姓诸侯，实际上是姬姓宗族的放大。周天子是政治上的共主，又是宗族内的大宗。王位由嫡长子承袭已成为定制，其大宗的地位世代不变。嫡长子的兄弟分封为诸侯，对周天子而言是小宗，但在诸侯国内则为大宗，其位亦由嫡长子接替。嫡长子的兄弟受封为卿大夫，对诸侯而言是小宗，在其本宗各支内又为大宗。这种宗法制度，不仅建立在同姓的诸侯间，也推广到了异姓诸侯和贵族之中。以血缘关系的亲疏程度为纽带，一层一层地将整个统治集团牢牢地编织在一起，形成周天子对全社会的强大控制力，这正是先秦时代王权的最本质的特征。嫡长子继承制是确保王权稳定交接的关键所在。

与宗法制互为表里的是分封制，即周天子通过把子弟、同姓和亲属分封到各地来体现其宗法权。相传，武王、周公、成王先后封71国，其中武王兄弟15国，同姓40国。周王的子弟、同姓及异姓诸侯就封以后，又在封国之内以宗法等级为基础，于本宗族内进行权力再分配。

进入春秋战国时期，与宗法权紧密结合的王权受到一次次的冲击。先是大国争霸，周天子大权旁落，进而是卿大夫执国政，诸侯国内乱不已。最后，天子、诸侯、卿大夫的宝塔式政治结构，大宗、小宗交错编织成的宗族关系网统统被打破。于是，建立在宗法制、等级制、世官制基础上的王权，也随之不复存在了。

夏、商二代官制文明

夏、商两代，史料极为缺乏，我们只能根据古代文献和甲骨文中的零星资料作简单地了解。夏代国家首脑沿袭氏族首领的称号称"后"，古书里多写作"夏后"或"夏后氏"。后来又称王，王是从氏族社会末期的军事首领演变来的，含有独尊和强制服从的意思。商代沿称王，对先王有时仍称后。商王常自称"予一人"。王位从一开始就实行世袭制，经过流血斗争，这种制度得到了巩固。从前文可知，世袭有传子与传弟两种。传子叫"世"，传弟叫"及"。《礼记》里说的"大人世及以为礼"就是这种制度的反映。

商后期，嫡子继承的制度逐渐确立，预定继承王位的人称"小王"。在《史记·夏本纪》中，称夏代的国君为帝，是受了三皇五帝传说的影响，因而是不准确的。

王之下，地位最高、权力最大的官是神权的体现者——巫史。巫在氏族社会就有了，是一种掌管祭神的职务。国家产生以后，作为王权在观念形态上的反应，出现了至高无上的神——上帝。国王是代表上帝的意志在人间进行统治的。上帝的旨意怎样显示呢？那就要巫用卜筮的方法才能得知。巫成了上帝的使者，因而称为史。巫史是当时国家机构中最有权威的官职，甲骨文中一般称为"史""大史"或"卿史"，文献中也写作"卿士"。国家的各种政务，几乎都要由他们占卜来决定。他们是当时最重要的政务官，而且往往同时是两三个人，《尚书·甘誓》篇称为"三正"。夏后启讨伐有扈氏的罪名之一，就是"怠弃三正"。而启又是奉天命进行征讨的，可见三正不是一般的官，而是神意的体现者。巫史的职务主要是占卜、祭祀，但又可领兵作战、掌管历法、保管典册、审理诉讼、奉命出使、教育王子，甚至担任王的师、傅，所以文献或甲骨文中提到的羲和（掌历法）、作册（掌记事）、守藏史（保管档案）、大理（掌理诉讼）、遒人（掌出使）、官师（掌教育）、师（王的老师）、保衡或阿衡（保护、辅导幼王）等，都是由巫史担任的。巫史的职位一般是世袭的。

除了巫史，就数王族的成员最重要了。王族成员包括王的妻妾、儿子、伯叔等。同时，王的外戚和女婿也占有重要的地位。这些王族和王亲的成员，常受王命去指挥作战、管理籍田、祭祀祖先等，但是具体的官称，王的妻妾称妇，王的儿子称子。开丁妻妇好是商代著名的军事将领。甲骨文中常见的亚，是王的卫队长，常带领武装人员出使。根据《尔雅》"两婿相谓曰亚"的说法，亚很可能就是王婿。商后期，纣王的伯父、叔父有担任父师（即太师）、少师的。巫史和王族是夏、商国家官员的主要成员。这两部分人都是世代相袭的贵族。此外，王还有一些为其生活服务的家臣，称为臣、尹、宰、庖正等。这些人的身份是奴隶，地位是很卑贱的。但这些人由于得到君主的宠信，也常常被君主派遣处理某些政事，如管理籍田、传命、出使等。我国的古代国家，几乎都是宗族或家族的统治。国君的家事与国事经常混杂在一起。为君主个人和家室服务的奴仆，从一开始也都属于国家官吏的范围。

夏、商时期的国家，是建立在血缘联系和军事征服基础上的不太稳定

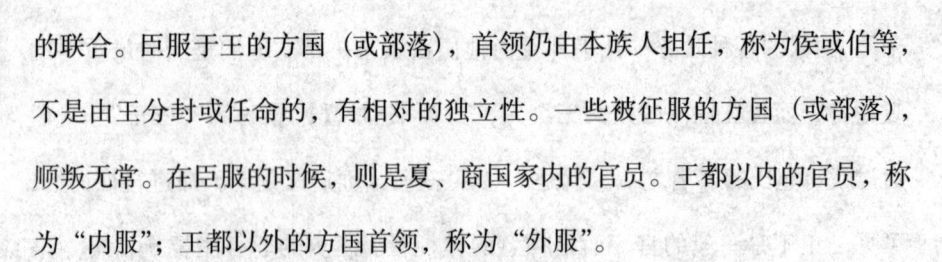

的联合。臣服于王的方国（或部落），首领仍由本族人担任，称为侯或伯等，不是由王分封或任命的，有相对的独立性。一些被征服的方国（或部落），顺叛无常。在臣服的时候，则是夏、商国家内的官员。王都以内的官员，称为"内服"；王都以外的方国首领，称为"外服"。

夏商的官吏，依靠各地的贡献和籍田（即祭田）的收入来供养。巫史、主族、方国首领的地位是比较固定的，只有家臣是国君随意挑选的。

扩展阅读　夏启西征

夏代从公元前21世纪到前6世纪，开国之君为夏启，称"王"；末代君主为夏桀，被商汤所推翻。夏人的主要活动区域在河东与河南地区，即今山西南部、河南中西部一带。主要城邑有阳城（今河南登封）、安邑（今山西夏县南）、钧台（今河南禹县南）等。考古工作者在河南偃师发现的二里头文化遗址，是典型的夏文化的遗存，其上限恰当夏代建国之初，距今4000多年。这里出土了大批青铜器，其中有大量的刀、锥、凿、铲等生产生活用具，标志着当时青铜冶炼技术的水平和生产力发展的水平。这些工具，在开发水利和开辟道路的活动中，都有不少的功用。

夏禹死后，他的儿子启无视部落议事会议推举益代主政事的事实，直接宣布自己继承夏禹之位，自号为王，定都阳城，于公元前21世纪建立了第一个奴隶制政权——夏，开始了"家天下"的统治。夏启把舜禹时期军事民主制下的部落联盟议事会议，改组成奴隶主政权机器，设立六卿和百吏，分管全国军队和政事，又都听命于他自己。六卿负责组织国家武装力量，百吏中的牧正主管

夏启

马牛的牧养驯育与使用，车正主管战车、运输车的制作保管和使用。可以认为，这车正和牧正，便是我国早期的主管交通的专职行政人员。据《墨子·耕柱》篇所说，夏启曾命令臣子飞廉等人"昔者夏后开使蜚廉折金于山川，而陶铸于昆吾（今许昌东南）"，就是说组织人员开采铜矿，冶炼青铜，铸造礼器、兵器与生产生活用具。前述二里头文化遗址就证明了这一点。据说三代时期看得很重的"九鼎"——国家法权的象征品——就铸成于夏初。这样的生产力，为夏人开通漫长的东西主干道提供了可能。

夏启登位以后，便以王的身份向各地发号施令，要求大家服从他的意志。偏偏有个远在今关中的有扈氏不服，于是夏启打起了"恭行天之罚"的旗号，假借天神意志去攻伐有扈氏，大战于甘（今陕西户县）。大战之前，他誓师时宣布："左不攻于左，汝不恭命！右不攻于右，汝不恭命！御非其

马之正，汝不恭命！"连用三个"恭命"来强调军事纪律，强调王权。他严令所有将士各负其责，打好这场仗。古代车战，车上左边的战士专主射箭，车右的士卒专主击刺，车中的甲士专主御车，策马奔驰。各有执事，各有技能，还要密切协同，才能投入战争。夏启动员甲士各守其位，各尽其责一事表明：当时的驯马驾车技术已经达到一定水平，可以投入生死搏斗了。又《诗·何草不黄》笺注说："司马法规定夏后氏二十人而辇、殷十八人而辇、周十五人而辇。"夏代用二十人挽车，大概此车是运输车，是很笨重的。在交通动力方面，夏人已经把人力、畜力都用上了。

这次大战，夏启调集部队，从今河南登封地区出发西上，大致沿洛水逆流而进，一直远征到今陕西户县，付出重大代价，击败了有扈氏，取得了胜利。这次战争，在交通史上的一项积极成果是开出了一条从伊洛地区通往渭水之滨的交通线，这是中原地区与关中地区相互联结的早期纽带，具有历史意义。当然，我们无法断定这条路线具体途经哪些地点，只能说出其大概走向。

夏代最后一个君主桀，都于洛水之阳，暴虐无道，引起了人民的憎恨。而活跃在夏东部鲁豫一带的商兴起了。商的首领汤委派近臣伊尹五次到夏桀手下"服务"，刺探夏权政治军事情况，五次返回到商都亳（今山东曹县南），向商汤汇报。最后，商汤在伊尹的辅佐下，又一次打出"恭行天之罚"的旗号，讨伐夏桀，建立商朝，都于亳，并把夏桀流放到南巢（今安徽巢县一带）去了。夏桀都城在今河南洛阳。伊尹多次往返于洛阳亳邑之间，以及商汤的进军灭夏，都说明在今山东曹县至河南洛阳之间，有一条横向的交通干线。至此，西起关中，东到齐鲁的横向交通线便初步形成了。这是夏人的一大贡献。

夏人有很先进的天文历法制度，他们制订的夏历，现在称为农历，很符合以农立国、四季分明的中国国情，既可用来指导农业生产，也可用于商业活动，是商旅必备的知识。同时，夏人也已经注意到道路管理。据传，《夏令》中有这样的内容："九月除道，十月成梁（《国语·周语》）。"每年九月就要修治路道，十月要建好桥梁堤坝，以利交通。这是天文知识与交通知识的结合，很有价值。

经过夏代五六百年的经营，华夏文明覆盖了黄河中下游广大地区，尤其是中原大地，为中国后来两千年的经济文化发展奠定了基础，也为华夏交通区勾画了大致的轮廓。

第八章

金声玉振
——袅绕千年的乐舞文明

夏、商、周时期是体现我国奴隶制社会体制的典型时期。在这一时期里,代表被剥削阶级的民间音乐被极大地压制,而以剥削阶级为代表的宫廷乐舞,成为这一时期娱乐文化的主体。如青铜乐器、夏代宫廷乐舞《大夏》和商代宫廷乐舞《大濩》就是典型的代表。

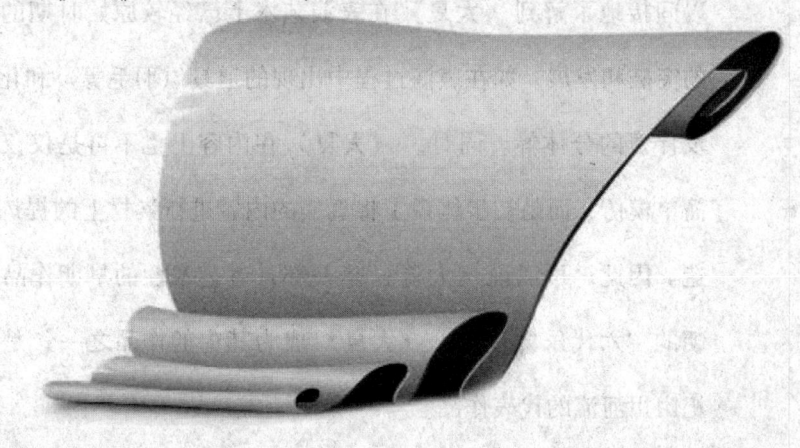

三代时期的音乐文明

三代时期的音乐文明最具代表性的就是青铜乐器，其次就是本时期特有的音乐文化，《大夏》《易经》、乐舞对当时音乐的进步有很大的作用。

《大夏》产生于阶级社会形成的初期，相传它是歌颂夏代先王——禹在治水方面的事迹和功德，是一部大型的音乐歌舞。由于历史的原因，有关《大夏》的具体内容已无法考证，但是据很多史书记载，《大夏》这部作品自夏代开始至周朝在宫廷中有十分重要的作用，在许多官方场合里进行表演。在表演的过程中，《大夏》的场面十分庞大，它的舞队共分为8队，每队有舞者8人，共计64人。每一位舞者手中持着野禽的羽毛来表演，伴奏乐器有吹管乐器和打击乐器。作为早期的大型乐舞，我们可以间接地了解到《大夏》在表演艺术上已经较原始时期的歌舞有了很大的突破和发展。如在表演过程中出现的道具（羽毛等）和化妆，歌与舞以及伴奏的分体等。同时，《大夏》在内容上也不再是仅仅对现实生活的简单模仿，而是初步体现了将真实的内容进行素材上的提炼，并再进行创造。因此，可以说《大夏》是一部具有艺术性的早期作品。后来，在周朝的"六代乐舞"中，《大夏》成为其中的作品之一，是专门用来做祭祀山川河流的代表作品。

在奴隶制社会中，虽然统治阶级的压迫十分残酷，广大人民的心声被压制，但是仍然可以在许多民间音乐中，发现对社会不平的影射。在当时积极反映这些民间音乐并将其保留下来的，是在商末出现的《易经》为代表的书籍和著作。

《易经》成书于商代晚期和周朝初期，相传作者是后来周朝的周文王（姓姬名昌，史称"西伯"）。虽然书的主要内容是有关占卜和卦术，但是透过这部书神秘的外表，我们仍可以发现在这部书中，还记载了大量反映殷商时期的社会、政治、经济和文化等方面的内容。其中在文化方面，《易经》中的记载是十分丰富的，这主要体现在民间歌曲里。这些歌曲有的反映生产劳动，有的反映民间婚姻风俗，还有的反映战争。整个周朝文化的典型代表是在西周时期，而宫廷音乐文化是这一时期音乐艺术的主要部分。其主要作品和具体表现是在西周时期形成的"六代乐舞"和周代的"礼乐制度"。

"六代乐舞"是西周时期的统治者在归纳、总结了自原始社会以来，从黄帝、舜到奴隶社会的夏、商、周各代，具有代表性的宫廷乐舞，在此基础上所发展的大型乐舞。"六代乐舞"分别为：黄帝时期的《云门》《咸池》；舜时期的《韶》；夏时期的《大夏》；商时期的《大濩》和西周时期的《大武》。这六部大型宫廷乐舞的组成，在客观上，虽然积极反映了我国早期宫廷音乐的文化和发展过程，但在主观上，它表明了西周时期的统治者已经初步认识到了神权统治对其巩固统治地位的重要性，因此，将这六部乐舞纳入所谓"雅乐"之中，并专门指定这六部乐舞分别作为他们在祭祀天地、四方和祖先等活动的内容和形式，以此来歌颂统治者的神功武威，达到进一步对人民的精神奴役和巩固地位的作用。因此，周代的"六代乐舞"已经

不再是反映当时历史和社会的艺术作品，而成为统治阶级专有的一种精神工具。"六代乐舞"在后来的历史中，也经常出现在宫廷宴饮和其他的一些娱乐场合，其形式也相应有了一些改进。在春秋时代，《韶》和《大武》已经成为独立的乐舞形式，它们对后来宫廷音乐文化都产生了很大的影响。

相对"六代乐舞"中的其他乐舞，周代的《大武》是其中最为优秀的一部歌舞音乐作品。

《大武》以武王伐纣为题材，歌颂了武王开国建业的功勋。有关《大武》的表演内容和形式，在后来的《乐记》中有详细的记载，在《诗经》中也保存了部分歌词。通过这些史料的记载可以发现，《大武》在演出的过程中十分庄严肃穆，场面十分壮观，全部作品共分为6个部分，即：集合出征、战斗胜利、挥师南下、占领南方、巩固疆土、歌颂天子。在艺术形式上，《大武》较之其他宫廷乐舞也较为特别，主要体现在相对完整的曲式结构和在贯串情节的过程中使用了"乱"的手法，使得场面表现十分雄壮和热烈，对比性很强，因而这部作品在"六代乐舞"中占有十分重要的地位，一直流传到战国时期。但就其内容而言，《大武》带有十分鲜明的阶级性，这主要体现于《大武》突出地宣扬了统治者的所谓"神功武威"。从维护统治者利益出发，从而达到对人民群众威慑的目的。

西周时期音乐活动的另一个方面，是在这一时期出现的"礼乐制度"和音乐教育机构。

自周武王死后，新的统治者为了继续维护其统治地位，依据原有的法规，并参照原有法规的制度，制定了一整套有利于统治阶级利益的等级划分制度，而最能代表这一等级划分制度的，就是通过音乐的形式来反映的周代礼乐制度。

商汤的大舞 《大濩》

商代的立国英主是成汤。由于夏桀暴虐无道，民不聊生，天下群起而攻之，于是汤率六州讨伐夏桀，一举成功，人民安居乐业。汤即命伊尹创作了《大濩》，同时整理了《九韶》等前代乐舞，以纪其功，并庆祝灭夏的胜利（见《吕氏春秋·古乐》）。

《大濩》之"濩"通"护"，为成汤救护万民之意。而《大濩》的由来，还有另一种传说：汤时，天下大旱，汤为解除旱情，乘着白马素车，穿上麻布粗衣，身披茅草，奔往氏族的祭地桑林，以自己的身体作祭品，向上天祈祷求雨（见《尸子》）。终于，天神被汤的虔诚所打动，油然作云，沛然下雨。秋收时庄稼大熟，普天下无不欢欣。于是就创作了"桑林之乐"，取名《大濩》（《通鉴大纪》）。因此，《大濩》又有《桑林》的异名。但从另一些史料分析，《桑林》和《大濩》又并非只是名称相异的同一个乐舞。

《左传》记载：鲁襄公十年（公元前563年），殷的后代宋平公在楚丘招待晋悼公时，让人给他表演《桑林》。舞师带领舞队举着有五彩鸟羽装饰的旌旗一出场，晋悼公竟吓得退到房子里去了。后来舞师去掉了旌旗，晋悼公才勉强看完表演，但回去后仍然因受惊而卧病一场。这似乎说明《桑林》像一种狂噪恐怖的原始祭祀舞蹈。

《桑林》之举五彩鸟羽大旗，显然是图腾崇拜的遗风。传说商的始祖契是其母简狄吞食玄鸟卵而生，故玄鸟为商人的图腾。《桑林》举羽旗而舞，应是商氏族图腾舞蹈的传统。如此，则可以推测，《大濩》可能是在《桑林》的基础上变化发展而来。

　　《大濩》在商代被成汤的后人用作祭祀他的乐舞。到周代，《大濩》的音乐已经变得宽和温良。《韩诗外传》曰："汤作濩，闻其宫声使人温良而宽大，闻其商声使人方廉而好义，闻其角声，使人恻隐而仁爱，闻其徵声，使人乐养而好施，闻其羽声，使人恭敬而好礼。"其音乐之所以如此，也许是周人意在集中表现汤的美德。据《尚书》记载，成汤嫡长孙太甲即位后，伊尹训导他要以先祖为表率时说："呜呼！先王肇修人纪，从谏弗咈，先民时若。居上克明，为下克忠，与人不求备，检身若不及，以至于有万邦，兹惟艰哉！敷求哲人，俾辅于尔后嗣，制官刑，儆于有位。"这些事实说明商汤是一位很贤德的君主，大概周人为了突出对商汤人格的景仰而淡化了原《大濩》作为商氏族图腾乐舞的特点，如此，可以想见，其舞蹈也一定不是当初粗暴撼人的状况了。

礼乐的政治作用

周人常讲"殷鉴",把殷商的灭亡当作一面镜子。殷商的末代统治者纣王,"好酒淫乐,嬖于妇人",他命乐师"作新淫声,北里之舞,靡靡之乐",甚至"大聚乐戏于沙丘,以酒为池,悬肉为林,使男女倮相逐其间,为长夜之饮"。荒淫无耻到了极点,结果民怨众怒。牧野之役,商军"皆倒兵以战"。周兴而商灭,纣王也自焚而死。

周原是商的属国。周灭商之后,一方面以商为鉴,不再"先鬼而后礼,先罚而后赏,尊而不亲",而是"尊礼而尚施,事鬼敬神而远之,近人而忠焉"。一方面却也承袭了商朝礼乐刑政的大部分传统,并在此基础上发展成一整套细密谨严、对后世影响很大的礼乐制度。

礼乐制度,实质上是奴隶制的氏族宗法制度和等级名分制度的综合体。所谓宗法制度,就是用"大宗"和"小宗"的层层区别构成一座血缘宗族关系的金字塔。塔顶,是自称为"天子"的周王,他是天下的大宗。其王位由嫡长子继承,世代保持大宗的地位。嫡长子的兄弟们则受封为诸侯或卿大夫,他们对周王而言是小宗,但在其封国内却为大宗,他们的君位亦由嫡长子继承,依次类推。这种以"嫡"为"系"的办法,在中国其后2000年的封建社会里,始终被认为是"礼"的重要原则。

周的奴隶制大家族和国家是合二为一的。与氏族宗法制互为表里的等级名分制，也就是当时的礼乐制度。对王、公、卿、大夫、士这样一个等级阶梯的每一层，都详细而严格地规定了符合君臣上下、父子尊卑关系的礼仪。每个贵族从出生到死亡，从人事到祭祀，从日常生活到政治活动，都处在与其身份相应的礼乐之中，享受应有的特权，不得"僭越"。比如乐队的排列和所用乐器的多少，规定天子的乐队可以排列东西南北四面；诸侯可以排三面；卿和大夫排两面；士只能排一面。关于舞队的人数，规定天子的舞队可以用"八佾"，即排8行，每排8人，共64人；诸侯用"六佾"即36人；大夫用"四佾"即16人。当然，这些规定只限于统治阶级内部，被视为牛马的奴隶，是根本无权享受文化生活的。对奴隶，他们只用暴力，也就是所谓"礼不下庶人，刑不上大夫"。当然，"刑"是惩罚，"礼"也是约束。周人从商鉴中得到的教训，便是万事要有节。

周朝的统治者还明确地指出用音乐进行统治的目的，就是让人们保持"平和"，不进行反抗。用他们的话说，就是："以乐礼教和，则民不乖。"以"和"为宗旨的音乐典型，便是大名鼎鼎的"雅乐"。

"雅乐"，实际上是直接与"礼"联系在一起的祭祀音乐和仪典音乐。周朝的礼有5类："吉礼讲祭祀，敬事邦国鬼神；凶礼哀忧患，多属丧葬凶荒；宾礼讲会同，多属朝聘过从；军礼讲行师动众，征讨不服；嘉礼为宴饮婚冠，吉庆活动。"在这5类活动中，乐，都是重要的组成部分。"国之大事，在祀与戎"，这些活动的重要政治性质和庄严肃穆的气氛，决定了雅乐的风格——"中正和平""典雅纯正"。又因为自周朝开始，历代都把先王之乐奉为"雅乐"，所以，"雅"也便成了"古"的同义语。在中国儒家的心目中，凡雅必古，凡古必雅，不古者则必不雅的偏见，已成了一种根深蒂固的观念。

周朝祭天地、祀考妣的雅乐，被称为"六乐"或"六舞"，由于"六乐"或"六舞"这样的前代乐舞都是作为当时国家祭典时最高仪礼，所以，表演这些乐舞的人，并不是专职的乐师和地位低贱的乐工，而是在"大司乐"中受教育的贵族子弟——"国子"。"大司乐"，可能是中国，也是世界上最早的音乐教育、表演机构，如果一定要以现代的概念来定义它的话，似可称之为"文化部兼贵族音乐学院"。

但是，不管周朝的礼乐制度如何完备，也无法真正约束那些穷奢极欲的奴隶主贵族。在统治阶级内部，逾礼之心，丛生难灭；僭越之举，此起彼伏。更重要的是，任何礼乐刑罚，也无法掩盖平息日益激化的阶级矛盾。

乐器的分类：八音

乐器发展到西周，仅文献资料记载就有 70 余种，可见乐器制造技术、器乐曲的创作和演奏技巧已发展到相当高的水平。

在中外乐器发展史上，敲击乐器是最先出现，并率先完备定型的。作为音乐两大要素之一的节奏更是早于旋律。就乐器本身的演奏方法而言，敲击乐器更有利于表现节奏。吹奏、拉弦乐器则擅长于表现旋律。所以，在中国器乐史上，敲击乐器首先得到发展，并在先秦音乐中处于乐器大家族

中的主体地位，奠定了中国音乐的节奏基础。

敲击乐器萌芽于新旧石器时代，成型于西周至春秋战国，这一时期是敲击的极盛时期。在周代的音乐资料中，乐器曾被分成8类：金、石、土、革、木、丝、匏、竹，史称"八音"。在这八音中，属于敲击乐器的有"金、石、革、木"四种，占八音一半。《诗经》中提到的乐器名目近三十种，而敲击乐器就占去二十余种。例如：金制的有钟、铃、铙、铎、镯、镦、镈钟、编钟；石制的有磬、特磬、编磬；革制的则有建鼓及其他形制各异的大鼓、小鼓；木制的则有柷和敔等等。另外，土制类乐器也有一部分属于敲击乐器。在这类乐器中，最重要最具音乐性的只有三种：鼓、编钟和编磬。

我国最早的科技著作——《周礼·考工记》在专论乐器制作部分只谈到鼓、钟、磬，对其他敲击乐器没有详述。而到目前为止，已经出土的先秦乐器中也数这三种乐器最多，分布最广。所以在先秦敲击乐器中，鼓、编钟、编磬，是其主体乐器，是表现商、周精神及先秦音乐的灵魂。

此时期这些乐器在形制上已趋于完备与定型。就体积来说，这时的敲击乐器大都庞大。如用于战争和祭祀的建鼓，需要几个人抬。因为体型大，所以声音沉着威严，易于制造表现肃穆的气氛。

在《诗经》中还有琴、瑟、箫、管、龠、埙、篪、笙等乐器。其中大部分用于歌舞伴奏场合，但也有描写乐器独奏情况的。如《周南·关雎》中有："琴瑟友之"；《邶风·击鼓》中有："击鼓其镗"；《邶风·简兮》中有："左手执龠，右手秉翟"；《小雅·鹿鸣》中有："我有嘉宾，鼓瑟吹笙"；等等。然而在这其中弦乐器琴瑟已有明确的实物记载。

由于科学的进步，我国的乐器逐渐得以完善，出现了乐器的具体分类。分类的依据是根据材料制作的不同而进行的。乐器分类法的产生标志着我国乐器在当时已进入了一个相当成熟的阶段，如《尚书·尧典》中明确地记载道："三载，四海遏密八音。"

在八音中，乐器种类最多的要数皮革和竹制的吹管乐器。金属乐器也占有一定的地位，这说明当时的金属铸造业和乐律科学技术促进了音乐文化的进步。八音中的木制乐器"柷"，形如升，上宽下窄，演奏时用木棒左右撞击，演奏"柷"表示乐队奏乐开始；"敔"形状如伏虎，背有27片锯齿，演奏"敔"时用木尺刮之，表示乐曲终结。

八音一词，是指8类乐器材料，仅限于我国先秦时劳动人民所创造的本民族的传统乐器，八音包含的乐器也为后世雅乐所专用。

这一时期我国乐器制造种类已发展到一个相当高的程度，同时在乐队编制和演奏上，也曾出现了空前昌盛的局面。据《管子·轻重甲》记载，夏桀时候就使用过"女乐三万人，晨操于端门，乐闻三衢"的乐队场面。《史记·殷本纪》在论纣王娱乐时说："作新淫声，北里三舞，靡靡之乐"。"妇女优倡，钟鼓管弦流漫不禁。"统治者为了弥补内心的空虚，过着荒淫无度的生活，便以乐队的庞大为荣，来炫耀自己的地位。

周朝在繁琐的礼仪中，乐队使用的是严格的等级制度。"不得僭越"，否则要受到刑律的制裁。（《周礼·春官》）

"金石以动之，歌以咏之，匏以宣之，土以赞之，革木以节之。"（《国语·周语下》）这是孔子在2000多年前对我国当时乐队的详细记载。但就此而言，不如说是以打击乐、吹奏和拨弹乐器配制的乐队，其功能音响与现在的民族乐队相比是单调、单薄的。而从音乐史的发展上看，这一时期音乐的绝对音高、调性功能、移宫换调已逐渐形成明确的概念，十二律的音律体系已经完成，七声音阶已经开始应用。

值得注意的是：不管是宫廷乐队的排列与配制，还是地方乐队，都受《周易》美学思想的影响，使八卦与八音有着一定的联系和浸透。如乾、坎、艮、震、巽、离、坤、兑，对金、石、土、革、木、丝、匏、竹。用八卦的方法排列乐队，各朝代都有记载，用八卦排列出的乐队音响效果、乐队位置极佳，图形排列画面美观大方，符合我国民族传统的审美习惯，也符合物理、声学性能的要求。关于八卦与音乐的科学性，八卦与音响的关系，八卦与音乐美学等问题，还需有关专家进行研究。

知识链接

八音

所谓八音是古人按乐器制造的材料而分类的，《周礼·春官·大师》中载："皆播之八音——金、石、土、革、丝、木、匏、竹。"

1. 金：钟、镈、镛、剽、錞、钲、铎、铙。

2. 石：玉磬、馨、磬。

3. 土：埙、缶。

4. 革：土鼓、足鼓、楹鼓（建鼓）、馨鼓、贲鼓、雷鼓、灵鼓、路鼓、晋鼓、鼖鼓、应鼓、灵鼗等。

5. 丝：琴、瑟、筝、筑。

6. 木：柷、圉（敔）。

7. 匏：荡、簧、笙、巢、和、竽。

8. 竹：箫、言、管、蔓、龠、产、仲、苇龠、篴、篪、应等。

三代的音乐教育

中国从夏代进入第一个奴隶制王朝。从氏族社会后期到有史可考的夏代，我国社会逐步完成从原始社会向奴隶制社会的过渡。脑体劳动的分工促使了学校教育的正式产生。与社会政治的"国家制"相适应，教育制度上的反映是"学在官府"。上古三代虽然没有制度化的私学，但并不意味着民间民俗音乐生活中没有音乐的教习与传承。

先秦文献《孟子·滕文公上》记孟子答滕文公问"为国"，孟子谈到"设为庠、序、学、校以教之。庠者，养也，校者，教也，序者，射也。夏曰校，殷曰序，周曰庠，学则三代共之，皆所以明人伦也"。由此可知，在孟子的观念中，"校"当为夏代学校的专名。《礼记·明堂位》载："序，夏后氏之序也。""序"，为夏代的学校。

上古三代的音乐教育以制度化的形式而言，是以礼乐教育为其基本特征，夏代亦不例外。礼乐制度（包括其教育制度）的产生，若追寻其本源，则可上溯至氏族社会的原始礼仪活动。三代礼乐制度作为上层建筑和意识形态的具体实施内容，是从原始祭祀礼仪活动发展而来的。夏代礼乐教育的实施状况，后人知之甚少，至少在先秦时期便已变得模糊不清，屈原在楚辞《天问》中对历史的发问，即说明夏代的历史在其头

脑中已是若明若暗。但历史学者仍需从零散不清的文献与文物中去发现历史的蛛丝马迹。

夏代的礼乐活动,据文献与文物的考证可知,当时已相当发达。夏文化遗址出土有鼍鼓、陶鼓、石磬、诸种铜、玉礼器。这同史书上有关夏礼的记载(如《礼记·郊特牲》:"诸侯之有冠礼,夏之末造也";《论语·为政》:"殷因于夏礼,所损益可知也;周因于殷礼,所损益可知也。")也是相吻合的。

据《吕氏春秋·古乐》记载,夏代宫廷礼仪音乐活动中有歌颂禹功绩的大型乐舞《大夏》,这类乐舞的编演与教习,有专职的乐官负责。

《山海经·海外西经》记:"大乐之野,夏后启于此舞九伐。"有人从文字学角度推测,认为"军事教育是夏的重要教育内容"。据此,结合后世关于夏"为政尚武"的说法,或可证明夏代确有军事乐舞的教习。

《吕氏春秋·季春纪·先己》记夏后氏教民重德,"处不重席,食不贰味,琴瑟不张,钟鼓不修,子女不饰",其音乐行为与"明人伦"的德育内容有关。

据《左传·昭公十七年》引《夏书》"辰不集于房,瞽奏鼓"句,夏有乐人"瞽",其奏乐行为与天文(日食)现象有关。

夏代,由于音乐行为方式的改变,一些祭祀礼仪音乐成为享乐音乐。这在《楚辞·离骚》"启九辨与九歌兮,夏康娱以自纵"的追述中有所披露。这也意味着另一种服务于娱乐的音乐教育内容与方式的形成。

商甲骨文中对殷学韵建学地点、教学内容等都有记录,"学"的内容与占卜有关。《礼记·明堂位》记"瞽宗,殷学也",郑玄注曰:"瞽宗,乐师瞽矇之所宗也。"有视其为进行礼乐教育的场所。"殷人尊神"是其人文特征。商人敬神祈福都有"乐"的活动，文献中或记商祭祀活动中"殷人尚声"，或记商人"以乐造士"（《文献通考·学校考》），都说明商代的乐教应是相当发达的。祭祀乐舞在《诗经·商颂》中有反映，并提到"万舞"的表演。据考，"万"原为善于乐舞的乐师，他们所跳乐舞称为"万舞"，甲骨卜辞记有"万"入学（"入爻"）奏镛教习乐舞之事。这也间接反映了商人习乐是为了服务于宗教祭祀活动的音乐教育观念。

《吕氏春秋·仲夏纪·古乐》记"汤乃命伊尹作为《大护》，歌《晨露》，修《九招》《六列》《六英》，以见其善。"此皆为宫廷教习乐舞，有专职乐官为其事。商代的乐教，在甲骨卜辞中有记录，如："丁酉卜，其呼以多方小子小臣，其教戒。"

考古上发现有大量商代的礼器与乐器，其乐器的工艺制作与音列形态设计，均达到较高水准。只有在不间断的文化传承、积累与习得中，才可能产生那样高的音乐成就。

商代宫廷娱乐音乐活动中，有大量的女乐、乐官参与其中。这些女乐、乐官音乐才能的培养，显然是与当时的音乐教习行为相关的。这里需要区别开来的是，作为礼乐音乐教育的"乐教"与作为服务于娱乐音乐的音乐教习不同。虽然在宫廷音乐活动中，这两者有时很难区分，但是就作为专门的音乐教育机构（例如"瞽宗"）的职责而言，祭祀礼仪活动中的音乐行为的传习，与声色娱乐活动中音乐行为的传习，在实际功能上是完全不同的。当时，自氏族社会以来在民俗音乐生活中一直存在的音乐传习行为，也是社会音乐教育内容之一。

西周的音乐教育是以礼乐教育（即"乐教"）为主体。其概念不同于今日学科化了的音乐教育概念。用今人的眼光看，西周的音乐教育是礼

乐教育中"六艺"教习的一部分；用历史的眼光看，西周的音乐教育即礼乐教育。前者的角度着眼于学科技艺的教习，后者的角度着眼于人的德育、智育、体育，以及必不可少的并且在乐教中占有重要位置的美育的全面培养。

西周的礼乐教育具有伦理化、政治化、宗教化的性质，这是其历史特征。其教育从个体行为（"教之以事"）、观念（"化成于心"）的培养方式入手，达到外在行为与内在心理、观念意识与情感体验的契合一致。因此，礼乐教育也具有审美教育（例如情感教育）的性质。具体实施上是礼乐教育互为表里，各有侧重，即所谓："乐所以修内也，礼所以修外也"（《礼记·文王世子》）。礼乐教育的所有特征，在乐教的具体实施中，也都有所体现。因此，我们可以从西周"乐"的实施探讨乐教的行为、观念及其表现形态。

知识链接

周公与西周乐教

周代音乐教育最为重要的人物是周公，他是西周初礼乐制的制定者与实施者，也是周代乐教思想的代表人物。

周公姬姓，名旦（生卒年不详），谥文公。为周文王第四子，武王母弟，故又称叔旦。又因其采邑地在"周"，又曾为太傅而为"三公"之一，故尊称"周公"。周公助武灭商，继而辅佐成王（"屏成王而及武王"《荀子·儒效》），成为西周王朝的奠基人。周公执政的主要政绩之一，就是制礼作乐、倡导乐教，开古代礼乐教化之先河。从这个意义上讲，周公是中国 3000 年前古代文化的杰出代表。周公的事业，曾令儒学的开创者孔子为之倾心。孔子多次赞叹"周公之才之美（《论语·泰伯》）"，将周公及其事业作为他期望于古代文化复兴的心中样板，并说："甚矣吾衰也，久矣吾不复梦见周公（《论语·述而》）。"

古老的巫舞文明

远古时代，洪水、大火、干旱、地震等自然灾害以及危害人类的疾病瘟疫等造成的恶劣环境，使原始先民心中充满了恐惧与困惑。他们把这一切都归结为神灵的作用。人们对神灵敬畏崇拜，把天地日月、石木水火、山川河流都加以神化，向其敬拜求告，这就是原始的宗教。从原始时代到奴隶时代，名目繁多的祭祀，包括祭祀的歌舞，都属于这种原始宗教活动。

为了预知神灵的意志，需要有人在神与人之间传递消息。人们又幻想借助某种神秘的超自然力量控制和影响鬼神，于是产生了巫和巫术。

巫作为鬼神和人之间的中介，在巫术和原始宗教祭祀活动中扮演着极为重要的角色。唱歌跳舞是巫的专长，是巫术的主要内容。

商朝的统治者迷信巫术和祭祀。他们相信天上有个上帝，能主宰人间的一切，死去的祖先也能干预活人的活动，山川河岳的神灵，也能降祸赐福，因此巫歌巫舞也就风行一时。

《尚书·伊训》说了这样一件事：商朝太甲即位时，伊尹认真地训导太甲，说先王曾儆诫其官员："敢有恒舞于宫，酣歌于室，时谓巫风。"先王并说卿士有了这种巫风，家必丧；国君有了这种巫风，国必亡。可见，以歌舞为特色的"巫风"，在商朝已经成了十分严重的社会问题，因而像伊尹那样的贤相才把它拿来作为训导国君的题目。但是训导归训导，这种"恒舞于宫，酣歌于室"的巫风，根本无法纠正。因为事实上商朝"先王"本身就是"巫风"的带头人。

从甲骨卜辞中，我们知道商代还有拿着五色羽毛，祭祀四方神的《羽舞》等。

这些舞蹈的舞者，主要是巫。有时，商王自己也作舞。如前所述，商朝从成汤开始，历代帝王都颇带一些巫气。甲骨卜辞的"王乍槃隶""戊子贞，王其羽舞，吉"等，就是商王跳《隶舞》和《羽舞》的记录。

所有这些属于原始宗教仪式的舞蹈，都列入了商代统治者祭祀的礼仪。这种祭祀延续到周朝。周朝的祭祀虽不像商朝那样天天举行，事事占卜，但举行祭祀时的仪式也很隆重，有乐有舞。巫依然起着重要的作用。

周代民间巫风也很盛行。地处长江流域的楚国，巫风特别流行。楚国人把起源于远古时代的巫称作"灵"。伟大诗人屈原流放在沅湘之间时，见到当地的巫歌巫舞，把它的歌辞加工修饰，就成了《楚辞》中奇幻瑰丽的《九歌》。歌辞"灵偃蹇兮姣服，芳菲菲兮满堂（《东皇太一》）""灵连蜷兮既留，烂昭昭兮未央（《云中君》）"等，描写的就是穿着华美的衣服，熏着芬芳的香料，拿着漂亮的鲜花，唱歌跳舞的巫的形象。

一部分巫舞经过商、周两代的酝酿发展成全民性的风俗性舞蹈。《蜡》《雩》《傩》就是盛行于商代而流传后世的全民性习俗，其中含有丰富多

屈原青铜像

彩的巫舞。

《蜡》是庆祝丰收，报谢神灵的民间祭典，每年12月举行。据说蜡祭起于神农时代，历经夏、商、周，一直保持着原始的作风。蜡祭的神有八种，都和农业有关：先啬——农业始祖，即神农；司啬——管农耕的神，即后稷；农——农夫神；邮、表、畷——茅棚、地头、井神；猫、虎——猫神、虎神；坊——堤神；水庸——河道神；百种——昆虫神。

蜡祭时，乐队吹龠（短笛），打土鼓，弹琴鼓瑟，演出《兵舞》和《帗舞》，还要唱着歌。

据《礼记·郊特牲》的记载，蜡祭的舞蹈者们披着皮衣，穿着素服，系着葛带，拄着榛杖。还要以人装扮成猫、虎之类的神灵受祭，叫作"尸"。参加蜡祭的农夫们，则穿着黄衣，戴着黄帽子。

《蜡》是全民性的活动，十分热闹。有一次，孔子和子贡观蜡。孔子问子贡观感如何，子贡说"一国之人皆若狂"。孔子解释说，百姓们辛苦了一年，岁终时放松一下筋骨，举行这种蜡祭，是很必要的。因为这体现了

"一张一弛"的"文武之道"（《礼记·杂记下》）。

《雩》是求雨的祭典。周朝的宫廷里设立了专管雩祭的官员，还有专门舞雩的女巫。雩不限于宫廷，民间也举行。孔子和弟子们论志，曾说他的志向是在暮春时节，约上五六个小伙子带上六七个小孩子，到沂水中去洗澡，再一起参加舞雩，唱着歌回家。可知《雩》中有动人的歌舞。雩祭时要用《皇舞》。春秋战国时的文献中有关《雩》的记载甚多。舞雩的目的是求雨。舞雩之后如果仍不下雨，人们就要把巫女放到烈日下暴晒，或者干脆把巫女烧死，用这种行为来感动上苍。

《傩》是驱逐疫鬼的巫仪，是古代人卫生防疫的幻想产物。巫把一些原始的狩猎舞、拟兽舞和简单的歌唱以及一些打击乐器纳入傩仪，使傩成了载歌载舞的一种习俗。"傩"一般是在年终岁首举行。

商代已盛行傩祭，但其具体情形缺少文献记载。周代的傩仪已是全民性的习俗。周王室和诸侯代表国家的称"国傩""大傩"，老百姓举行的傩称"乡人傩"。

周代宫廷里傩祭时，领头的称"方相氏"。方相氏头戴假面，假面可能是铜铸的，上面有金光闪闪的四只眼睛。他穿着黑色的上衣，系着红色的裙子，手上蒙着熊皮，一手拿着戈，一手拿着盾，率领着打鬼的队伍，到各个角落跳跃呼叫，发出"傩——"的声音。据说这样就可以保证一年不生传染病。有时，方相氏还在葬礼时跳到墓穴里去，把恶鬼吓跑，保证墓主的安宁。

《傩》一直传延，但傩队的形式不断变化。汉代傩队中的方相氏要率领"十二神兽"，用长戈向四方冲刺。还要选10—12岁的孩子120个，称作"侲子"，跟着呐喊，敲着鼗鼓，唱着驱鬼的歌。所谓"十二神兽"也就是戴着狰狞兽面的舞蹈者，据说那些"神兽"可以把病魔邪鬼统统吃掉。驱傩的队伍里，有人舞着用桃枝扎成的扫帚，拿着"桃弧棘矢"（用桃木做成的弓，用荆条做成的箭），有人装扮成门神"神荼""郁垒"。

耐人寻味的是源头古老的傩仪，能一直流传到今天。在黑龙江流域、黄河流域、长江流域、珠江流域以至一些偏远的地区，一些汉族和少数民族至今仍举行傩仪。

凡有傩仪，则有傩舞。不过傩祭与蜡祭后来在民间发生了混杂融合的演变。尽管如此，现存的各地各民族舞蹈中的一些内容，仍然可见傩与蜡的遗留。如西南一些少数民族在秋收完毕，都有"敬牛王""祭谷魂"的仪式。岭南黎族在新米飘香时，人们夜间升起篝火，欢乐地跳起《跳柴》舞，酬谢祖灵。苗族在秋收后开始"吃年"。雷公山的苗族"吃年"有三次，分别在9、10、12月属兔日或属牛日举行，届时击铜鼓、"踩堂"（舞蹈）、祭祖。每年12月8日，湖南瑶族要"击细腰鼓，戴胡头，及作金刚力士，以逐疫"。彝族人过小年则"打歌"。云南彝族人在"打歌"晚会后，还有"哑巴会"，又叫"跳哑巴神"，意在逐除疫鬼。舞者六人，二男哑巴，二女哑巴，二孔雀哑巴，全由男子装扮，裸体，身绘黑白纹，胯内各悬一铃铛，戴面具，持棍棒刀剑等道具，逐家轮跳。横奔竖跳，乱砍乱戳，还把水洒在观众身上。贵州威宁深山老林里，聚居的彝人有一种《撮泰吉2》，戴面具作舞，也有逐除的仪式。有些地方的傩舞，已经向情节化发展，出现舞蹈与戏剧混合的仪式。

各地此类傩仪有舞蹈，有法术，戴面具，意在驱邪祈祥，形成了以巫风为特色的舞蹈系统。这种巫舞最初的源头则在商、周时代。

乐舞奴隶与中华文明

舞蹈从群众自娱性的活动向表演艺术发展，是奴隶制时代舞蹈发展的重要进程。这时，出现了以观赏乐舞取乐的奴隶主阶级，同时出现了以表演乐舞供人欣赏娱乐的乐舞奴隶。这种发展的趋势是在阶级分化以后，奴隶制时代的初期就显示出来了。我们从夏启、夏桀、商纣醉心于乐舞享乐的传说中，可以窥探到这种发展的轨迹。

相传奴隶制时代的第一个统治者夏启即位十年，舞《九韶》。这时舞《九韶》，并不是把它当作歌颂舜德的传统乐舞搬演，而是供启欣赏取乐的表演节目。为了宣扬这种异乎寻常的演出，还造出了一个启"上三嫔于天，得九辨与九歌以下"的神话。启从天上取得仙乐，回到人间，在"大穆之野"（或作"大乐之野"）演出了《九韶》（或作《九招》《九代》），景象颇为壮观，启"乘两龙，云盖三层，左手操翳，右手操环，佩玉璜"，兴致勃勃地观赏指挥了这场精彩的演出。启醉心于乐舞享乐的传说，还可以从《墨子·非乐》的论述中看到。墨子转述古书上记载武观叛乱的事时说："启乃淫溢康乐，野于饮食，将将铭苋磬以力，湛浊于酒，渝食于野，万舞翼翼，章闻于天，天用弗式。"乐舞享乐是启奢淫生活的一个组成部分。显然这些令启心醉的"康乐"和各式各样经过整饰、编排有序、场面宏大的"万舞翼翼"，已经是一些经过艺术加工、具有一定欣赏价值的表演性舞蹈了。

到夏朝的末代统治者——桀时，供奴隶主娱乐的乐舞又有了很大的发展。相传在桀的宫中，有"女乐"3万人，早晨，她们作乐歌乐舞以炫耀财富（奴隶众多及其他物质财富）。从"俶诡殊瑰，耳所未尝闻，目所未尝见"的记载分析，这时已出现了专供奴隶主欣赏娱乐的新创节目，其特点是新奇瑰丽，是以往从未听过、从未见过的乐舞，与夏启的时代完全不同，夏启只不过把前代歌颂氏族英雄、祭祀祖先的传统乐舞——《韶》搬来欣赏娱乐，为了掩饰，还编了个上天取乐的神话。到了夏桀、商纣的时代，为奴隶主娱乐，创作新颖的乐舞节目已是十分合理的常事了。这也标志表演性乐舞已经达到了一个新的水平。既是专供奴隶主欣赏的乐舞，就不得不按照欣赏者的审美趣味去创作、表演。相传纣喜淫声，把当时著名的音乐家师延关起来，以死相威胁，强迫他作纣喜爱的音乐。师延"奏清商、流徵涤角之音"，纣颇为不满说："此乃淳古远乐，非余可听悦也。"强迫师延"奏迷魂淫魄之曲，以欢修夜之娱"。这些传说十分清楚地表明：到奴隶社会后期，专供奴隶主享乐的乐舞越来越淫靡。乐舞奴隶必须按照奴隶主的要求去进行创作和表演。与"靡靡之乐"并提的"北里之舞"，可能是在某地的民间情舞基础上加工的。经师延加工后的"北里之舞"，为了迎合纣的欣赏趣味，则可能是突出表现男女情爱或性爱的内容。

后世常常把一般民间乐舞称作"淫声"，甚至称之为"靡靡之音""北里之舞"。实际上，绝大多数民间乐舞是健康、向上的。即使是以表现男女情爱为内容的歌舞，也多是对纯真爱情执着的追求，对美好幸福爱情的向往。无论在哪个时代，许多优秀的乐舞都是来自民间，来自广大人民的创造，包括不少专供统治者欣赏娱乐的乐舞。所不同的是各自按照不同的审

美情趣、欣赏标准去改编、加工，或创新。

从夏启到商纣，伴随表演艺术舞蹈的发展，出现了从事这类乐舞活动的专业艺人——乐舞奴隶。甲骨卜辞中的"舞臣"，据史家考证，就是这种具有奴隶身份的专业舞人。乐舞奴隶除供奴隶主娱乐外，有时还参加祭祀或其他乐舞活动。

奴隶主活着的时候要乐舞奴隶为他们表演取乐，奴隶主死后，则要乐舞奴隶为他们殉葬。据考古发现：商代用活人殉葬屡见不鲜。河南安阳武官村商代奴隶主大墓及其陪葬坑中，出土了大量杀祭的人体尸骨。大墓中还出土了雕刻精美的乐器——大石磬，廊室两侧的二十四具年轻女性骨架旁有舞具小铜戈，戈上还有绢帛和鸟羽的残迹，可见她们生前是乐舞奴隶。

乐舞奴隶是创造和发展我国舞蹈艺术的一支力量，他们用血泪和生命浇灌了灿烂的中华民族舞蹈文化。

多彩的周朝舞蹈文明

周朝的最高统治集团像商朝的国君们一样重视乐舞祭祀，不但注意发挥乐舞"通神"的作用，而且更加重视乐舞"治人"的作用，充分发挥音乐舞蹈的社会功能。

传说周武王伐纣的时候，军队在商丘宿营。士卒"前歌后舞"，通宵达旦。又传说武王伐纣时，得到了巴人的支援。巴人用歌舞慑服了敌人，这就是后来汉代的《巴渝舞》。

周王朝建立后，为了巩固胜利成果，加强对分封诸侯的控制，从政治到文化制定了一整套的典章制度。

史书上说"周公制礼作乐"。说的是在周公旦的主持下，明确了"宗法制"，用血缘关系把诸侯控制在周天子之下，又建立了天子、诸侯、卿、大夫、士的阶梯式等级制度。宗法制和等级制结合起来，形成了一套完整的、严格的君臣、父子、兄弟、亲疏、尊卑、贵贱等礼仪制度。为了体现和巩固礼仪制度，周公又主持制定了一套为出征、会盟、饮宴、婚娶、丧葬服务的乐舞制度。

从周公"制礼作乐"开始，乐舞就被当作了"载道"的手段，发挥着政治作用。舞蹈被纳入了"雅乐"体系，成为"礼治""乐治"的工具。统治者用乐舞来纪功德、成教化、助人伦。"舞以象功""舞以象德"成了雅乐的宗旨。

周朝初年，在吸收商朝文化思想的基础上，集中整理了前代的乐舞遗产《云门》《大章》《大韶》《大夏》《大濩》，又新创制了《大武》，合称《六代舞》。

《六代舞》也称《六大舞》，都是纪功德的乐舞。它每一部乐舞都有明确的主题，都是表彰某个圣明先王的功德。

这6套乐舞的舞蹈可分为两类。前4种属文舞，后2种属武舞。文舞时，舞蹈者手里拿着乐器"龠"（排箫）和鸟羽"翟"。武舞时，舞蹈者手里拿着干（盾）戚（斧）。

所谓"文"是指以文德定天下，"武"是指以武功取天下。舞者手中所执的道具龠、翟、干、戚等，都有象征意义，舞蹈的每一动态也都有具体的象征意义。

《六代舞》是周朝的"雅乐"，演出仪式隆重，所奏的音律，所祭的神祇，都有定制。舞《云门》时，奏黄钟，歌大吕，祀天神；舞《大章》时，奏太簇，歌应钟，祀地祇；舞《大韶》时，奏姑洗，歌南吕，祀四望；舞《大夏》时，奏蕤宾，歌函钟，祭山川；舞《大濩》时，奏夷则，歌小吕，享先妣；舞《大武》时，奏无射，歌夹钟，享先祖。

《六代舞》中有五种是前代乐舞，唯有《大武》是周人的创作。这是一部具有鲜明政治倾向的乐舞。《吕氏春秋》说《大武》的作者是周公。这部乐舞表现武王克商的丰功伟绩。演出时，隆隆的鼓声响起来，舞队全副武装巍然肃立。唱起雄壮的歌，以战阵的形式开始舞蹈。

周代的雅乐中除了上述的《六代舞》，还有《六小舞》，它们是《帗舞》《羽舞》《皇舞》《旄舞》《干舞》《人舞》。

《六小舞》也是祭祀乐舞。

《帗舞》用来祭祀社稷，舞者执全羽或五彩缯而舞。

《羽舞》用来祭祀宗庙，舞者执杂色散羽而舞。

《皇舞》也叫《䰅》，是祈雨的舞蹈。舞者头上插着鸟羽，上衣也用翡翠羽毛装饰，手里还要拿着五彩的鸟羽。

《旄舞》用来祀辟雍，舞者手持牦牛尾，有人说《旄舞》就是《隶》。

《干舞》用来祭山川，舞者持盾牌。

《人舞》祭祀宗庙和星辰，人们徒手而舞。此外，周朝还有一种重要的武舞《象舞》，也就是《象箾》。箾是一种竹竿。有一种说法是，殷人能驱象作战,周公打败了殷人,取他们驯象的舞蹈来宣扬自己的武功。

所有这类雅乐,周朝的统治者都很重视。演出时,舞队的人数有严格的等级界限。当时乐舞的行列称"佾",每佾8人。天子的乐舞用八佾,就是用64人组成的舞队。这种规定体现着礼仪制度,绝对马虎不得。稍有不慎,失了礼,就是莫大的政治错误,甚至成为被鸣鼓而攻之的罪状。

周王朝规定参加这些舞蹈表演的都是王室贵族子弟,而且把这些乐舞作为贵族子弟(所谓"国子")教育的必修科目。当然,作为老百姓的"野人"也是要学习礼乐的。若论对乐舞的重视,周王朝是超越前人的。

周朝之所以如此重视乐舞和乐舞教育,完全是为了文化控制。周王朝的统治者坚信"乐"可以和"礼"互相补充。周朝初年"制礼作乐"的基本精神,按孔子的解释就是为"仁"。也就是通过"乐"来把人情节制在"礼"的范围内,通过乐舞来强调民族、宗族的认同。通过乐舞教育的普及,又可实现文化的认同。所以,孔子对《六代舞》和《六小舞》都称颂备至。孔子在齐国观看了《大韶》,认为尽善尽美,竟乐得三月不知肉味。伟大的教育家孔子认为要使青年成才,做一个完美的人,必须进行乐舞的教育。孔子说:"兴于诗,立于礼,成于乐。(《论语·泰伯》)"也就是说,要成为人格完善的君子,必须先学诗,再学礼,而道德修养的最终完成,一定要依赖于乐舞。从《论语》《礼记·乐记》《乐论》等有关乐舞的论述,我们知道先秦儒家很重视乐舞修身养性的功能。他们认为通过乐舞的熏陶,人的精神面貌、情操志趣都会发生变化,可以变得正直而温顺,宽厚而严肃,变得心胸开阔,志高气壮。人们合着《雅》《颂》的旋律与节奏,在有规律的动作韵律和姿态中,在有条理的队形变换中,能去掉粗俗的举止,去掉散漫的行为,做到步调一致,仪态端庄,成为"文质彬彬"的君子。乐舞

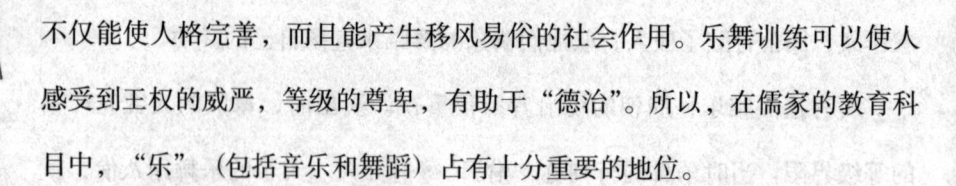

不仅能使人格完善，而且能产生移风易俗的社会作用。乐舞训练可以使人感受到王权的威严，等级的尊卑，有助于"德治"。所以，在儒家的教育科目中，"乐"（包括音乐和舞蹈）占有十分重要的地位。

《六代舞》《六小舞》等雅乐，不仅用在祭祀仪式中，也用在贵族诸侯的宴会上。传世的战国宴乐渔猎攻战纹铜壶上，铸造出的宴乐图中，有精美的舞蹈场面。周朝的诸侯各国间有频繁的外交活动，在接待外宾或会盟时，都少不了雅乐歌舞。

这些"雅乐"被统治者视为经典，称之为"先王之乐"。因长期用于宗庙祭祀，充分体现了特殊的政治目的和宗教色彩，形式上日趋刻板与僵化，逐渐失去原有的生命活力和艺术感染力。

和雅乐相对的，是民间流行的俗乐，它是老百姓们参加的歌舞，也称作"新乐"。

周代各国民间有着各式各样、生动活泼的歌舞。从现存的一些文献中，可以揣摩出当年各地"俗乐"的热闹情景。不仅中原地区民间有丰富生动的舞蹈，就是生活在边远地区的民族，所谓"四裔"，也有丰富多彩的舞蹈活动。例如，在云南开远出土的春秋战国时的铜鼓上铸有芦笙舞、干戚舞、矛舞、羽舞等各种舞蹈生活图像。

普天下的俗乐和雅乐，共同组成了灿烂的周朝舞蹈文化。

周代是中国乐舞蓬勃发展的时代。不仅知名的《六代舞》《六小舞》等，以巩固的地位使用于礼仪，而且在贵族的宴饮游乐之中还流行着具有楚国风格的《激楚》《结风》，和服饰华美、场面壮观的《万舞》等著名舞蹈。河南、安徽、湖北、湖南、四川等地，出土过不少春秋战国时代乐舞文物。如湖南长沙出土的战国彩绘舞女漆奁，河南信阳出土的楚漆锦瑟乐舞图，湖北随县曾侯乙墓出土的漆绘鸳鸯盒上的舞人图等，都生动地展示了当年贵族宴乐中的舞蹈场景。

春秋战国时期，"礼崩乐坏""先王之乐"渐渐失去其魅力与权威。"新乐"以勃勃生气成了人们宣泄情感的艺术，受到社会各阶层的欢迎。

生动活泼的民间歌舞，和活跃于贵族生活中的专业伎乐，组成了春秋战国时期盛极一时的"新乐"。在全社会的文化以至于政治生活中，"新乐"起着重要的作用，对后世乐舞艺术的发展也产生了不可忽视的影响。

奇伟之戏与周代乐舞

夏、商、周时期，历史进入一个新阶段。奴隶社会改变了原始社会乐舞单纯的敬天娱神的内涵，使其成为一种服务于王权的娱乐工具。执掌政权的帝王们，开创了宫廷艺术的先河。而艺术表演的多样化，则促进了各部族间的文化交流。一如史籍所述："少康（杜康）即位，方夷来宾，献其乐舞（《路史·后记》）""诸夷来宾，于王门，诸夷入舞（《古本竹书纪年》）"。

夏代的最后一位君王桀，一味地追求娱乐，把宫廷表演推向极端，其自身也落个被逐而死的下场。这里值得探讨的，是桀时出现的"奇伟之戏"。

汉代刘向说："桀既弃礼仪……收倡、优、侏儒、狎徒，能为奇伟之戏者，聚之于旁，造烂漫之乐（《列女传·孽嬖传》）"。古籍《路史》中也称桀

189

"广优侏，戏奇伟，作东歌而操北里"。

"奇伟之戏"，是我国历代古籍中直接涉及杂技艺术历史的最早文字资料。从以上记载可以看出，先秦乐舞自夏代开始，已经逐步摆脱了原始巫舞的范畴。其中产生了倡、优、侏儒等专门从事艺术表演的人员，并由他们来演出"奇伟之戏"。

"奇伟之戏"的表现形式究竟如何，古人没有注明，古籍上也论证有阙。根据现有的史料，我们可进行如下分析：

夏铸九鼎，从此打开了华夏青铜时代的大门。先期青铜器物，以鼎为代表，沉重粗犷，代表着那一时代的审美倾向。桀"大鼓钟磬管箫之音，以巨为美、以众为观（《吕氏春秋》）"，符合当时的社会时尚。这样，奇伟之戏中的"伟"，便很容易理解了；它与"众"为匹，与"巨"相合，继承了夏代先祖倡导大型乐舞的遗风。

至于奇伟之戏中的"奇"，则应是优倡们所表现出的高超技巧。其实，这也就是杂技。"优"，历来人们都把它作为古代以歌唱、舞蹈、滑稽、杂技表演为业的艺人的统称。其中以演出乐舞为主的称"倡优"，以表演戏谑为主的称"俳优"。自奴隶社会始，贵族们常用侏儒为"优"，因此，侏儒一度曾是"优"的代名词。

关于"奇"即为奇技，我们从中国历史博物馆收藏的商代"顶碗玉人"中，也可以略见一斑；玉人造型古拙，双腿叉立，稳定平衡；头上顶三只碗，碗上有一圆形物，像极了圆形的果实。这在杂技艺术刚刚脱离原始形态的商代，是可以称之为"奇"的。

此外，"猱"也与"奇"有关。"猱"，其本意是兽名，属猿类。《尔雅·释兽》中称"猱猿善援"。这里，前辈史家把它与"优"并列，显然不是用其本意。它似应对"善援"的艺人而言。因为，桀必先广集"优猱"，而后才有可能表演（戏）。"猱"的表演当与后来的"侏儒扶卢"之类纯杂技表演类似：攀高或爬杆，其技颇有可观之处，是为"奇"。

扩展阅读　乐钟与乐鼓

　　商代乐钟已有了成编的组合，一般多为3件一组，以形制相同而大小依次递减的乐钟组合。也有5件为一组的，如妇好墓中就出土有5件一组的乐钟。钟的形制与发音规律的关系是：体大壁薄者音低；体小壁厚者音高；大小相近而壁厚不等，也可以击出不同的乐音。每套编钟制成形制相同，但大小厚薄各异，是为了使它们能敲击出人们需要的不同乐音。西周时的乐钟一般8件一组，也有多至9件一组的。东周时期，一组乐钟最多的达14件。乐钟以其形状不同，还有甬钟、钮钟、镈钟之分。钟的使用，按规定：天子四组、诸侯三组、卿大夫两组、士一组。商、周铜钟，有的插在座上，但更多的是悬挂在钟架上。使用时也按钟体的大小依次排列成编，故称编钟，每编又称一"肆"。

　　目前发现的商、周乐钟有数十套之多。有时一座墓中出土有数套乐钟，如蔡侯墓、曾侯墓等。其中曾侯乙墓中出土的数量最多。出土时共有八组编钟悬挂在曲尺形的钟架上，总数有65件（其中有一件是楚王章馈赠的镈

钟）。钟架制作考究，木质的横梁用黑漆彩绘，两端套有动物形象的青铜套。上层的立柱用圆木做成。中、下两层的立柱，除一根铜立柱外，每层还有3个铜铸的佩剑武士。他们双臂上举，用头和双手承撑横梁。下层的铜人制成站在一个圆形铜座上的形象，这些铜人也用头和双手承顶着横梁。在清理墓葬时看到，这座钟架和编钟的悬挂情况相当完好。旁边还有六个丁字形彩绘木槌和两根彩绘木棒，这是演奏乐曲时用来敲击乐钟的。铭文中也有十二个半音的名称。为了研究它的性能，音乐工作者曾对曾侯乙编钟作了演奏，发现它音色丰富优美，音域宽广，音律较准，其音响已构成倍低、低、中、高四个色彩区。各层钟的基本骨干音可以构成七声音阶，各组甬钟的变化音又互为补充，能演奏采用和声、复调以及转调手法的乐曲。2300年前的青铜乐钟竟能具备这样好的性能和高超的制造技术，在世界音乐史上实为一大奇迹！

在乐器中，鼓是不可缺少的。曾侯乙墓中在放置编钟的中室内就有铜制建鼓座。当时的鼓有建鼓、悬鼓及大小不等、用途各异的鼓。它们大多是木制的，在经历了2000多年之后，发现时一般都已朽蚀，难以看到它的全形。1976年，在湖北崇阳出土了一件商代铜鼓，为我们了解商代工匠制作的鼓的形制提供了宝贵的素材。

这件铜鼓通高75.5厘米，鼓面呈圆形，直径39.2厘米。两侧鼓面平素，但每面边缘都装饰有排列均匀整齐的乳钉三排。鼓身遍体饰云雷、兽面纹。鼓身上部正中有一元宝状饰物，中有一孔，似可系绳，两侧高起之处像鸟兽之头。鼓身之下有方座，放在平地上相当平稳。这件铜鼓重42.5千克，是目前有出土地点的铜鼓中年代最早的一件。

青铜乐钟在商、周时期的贵族生活中占有相当重要的位置。无论是妇好墓还是曾侯乙墓中，都把成编的青铜乐钟放入墓内，可以看出死者生前对乐钟是很重视的。特别是曾侯乙墓出土的65件铜钟的总重量达2500千克，这是迄今发现的世上最庞大、最雄伟的青铜乐器，被誉为古代世界的"第八大奇迹"。

对商、周乐钟钟体所做的激光全息干涉振型检测结果证明，当时每件乐钟都具有两类主要的振动方式：一是正对称振动，其节线通过鼓音所在部位；二是反对称振动，其节线通过隧音所在部位。这样每件乐钟都能发出两个音，所以被称作双音钟。由于节线的走向不仅与钟的结构有关，也与铸件型腔的规范化程度及合范过程中的准确性有密切关系，所以乐钟的铸造，比礼器生产的难度要大得多。要铸造一件音律准确的钟，它的技术要求是很高的，任何一个环节出现差错，都将报废并回炉重铸。据测定，商代乐钟的音程关系以大二度居多，说明当时的铸造工艺、测音、调音技术都已取得了一定的成就。西周时期，特别是春秋战国时期，青铜乐钟的音色更美，这与工匠们在音程方面不断改善，铸造工艺、调音技术的改进等都有关系。对曾侯乙编钟的研究结果表明：这些编钟的每件钟体都能发出两个乐音，而且这两个乐音多呈三度谐和音程，很有规律。这说明当时在铸造过程中已经掌握了为达到某种特定的音响效果所必备的科学知识与技能，这是一项了不起的创造！

曾侯乙编钟经过测音，已齐备十二个半音，铜钟71.1千克。这件铜鼓也是商代遗物，可惜是早年盗掘品，不知出土地点。它已流传到国外，现藏在日本的泉屋博古馆。

鼓在古代是一种重要的乐器，常在祭祀、宴飨、乐舞时与钟、磬等一起使用，所以《诗经·周颂·执竞》中说"钟鼓喤喤，磬筦将将"。也有的古籍

中提到：鼓是众乐之长，一切乐器的演奏与终止都要听从鼓的指挥。鼓在战斗中也起着重要的作用，所以有"一鼓作气"的说法。

第九章

淳朴氤氲
——三代家具文明巡礼

夏、商、周时期,是中国早期家具的雏形阶段,也是中国传统文化的孕育期。家具的各种类型都已出现,由于当时建筑的低矮,使得室内空间狭小,因而造就了席地而坐的起居方式。在这种背景之下,一些席地而坐的低矮家具开始出现。

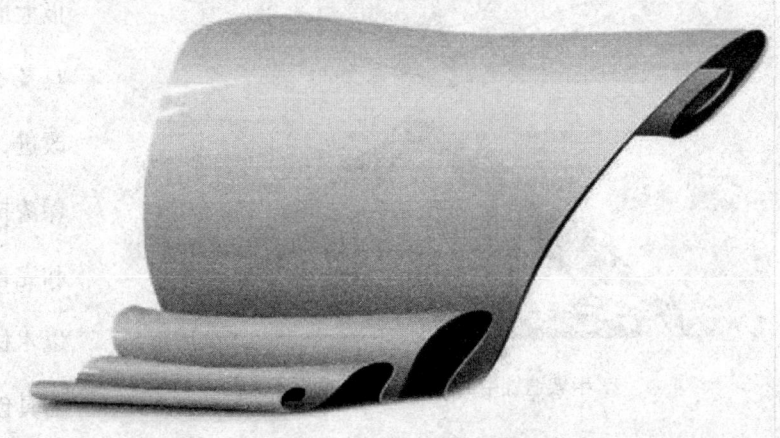

低矮建筑与家具文明

在旧石器时代,从代表黄河文化的半坡遗址中我们可以看到北方先民的半地穴式居住建筑,因为北方多平原,地势平坦,气候相对干燥,这种北方地穴式建筑很好地抵御了严寒和野兽。从代表长江文化的河姆渡遗址中我们可以看到木结构建筑构件的原始榫卯的类型,这为以后南方干栏式建筑的发展奠定了技术基础。而且,更令人惊奇的是,从中我们还发现了席纹及一些中国本土家具的雏形,如木俎、圆案、长案等。到了新石器时代,由于定居的生活方式,房屋建筑行业得到了很大的发展,这极大地促进了制作工具及木工技术的不断改进,再加上编织及髹漆技术的不断发展和完善,从而为制造以木材为原料的简陋器具创造了先进的技

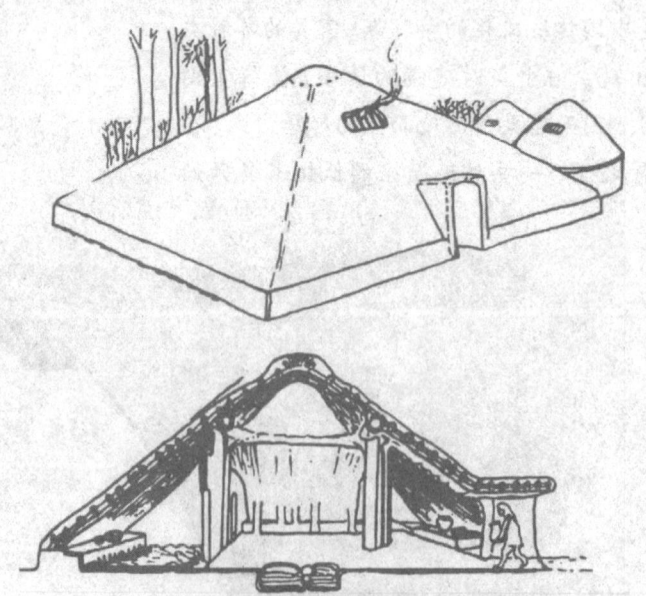

半坡遗址中的地穴式建筑复原示意图

术条件。灿烂的华夏文明由此拉开了历史的序幕，中国古代家具也由此进入了萌芽时期。

半坡遗址位于陕西西安半坡村沪河南岸的阶地上，面积 5 公顷，房址 46 座，有方圆之分，主要是半地穴式建筑。

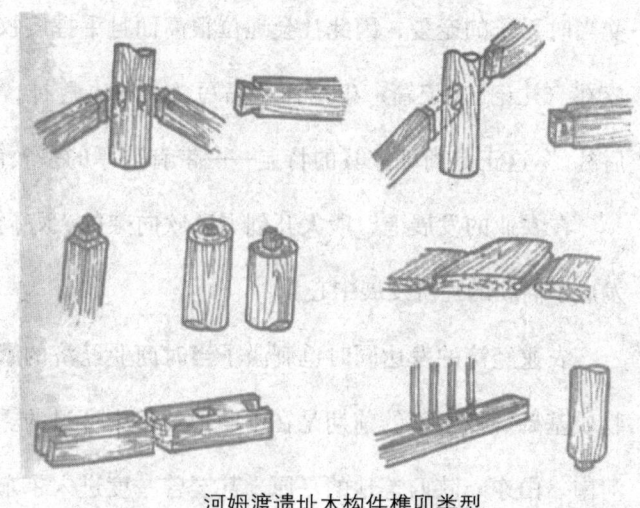

河姆渡遗址木构件榫卯类型

河姆渡遗址是长江中下游遗址年代最早的新石器时代遗址，从中出土了装饰品、艺术品、生产工具及生活工具 5000 多件，并发现了大片干栏式建筑遗址及大量带榫卯的木建筑构件，为研究我国早期建筑提供了可靠的实物资料。

商、周时期建筑技术的发展，从多处遗址中可见一斑，已经相当发达了。但是商朝文明中心的中原地区——黄河流域的气候环境不利于优质木材和漆树的生长，更重要的是由于木材加工工具的局限，使商朝没有拥有先进的漆木家具，其他漆器的出土数量也不多，即使当时出现过少数的漆木家具，也在历史的沧桑中腐朽无存。

商朝是我国奴隶社会的发展时期。国家的法律制度得到了进一步完善，并形成了严格的管理机构。在官位的设置上已出现了王、诸侯、尹、卿士、小臣、司工、卜、占、巫和吏等不同官职的划分。这种划分等级明确而森严。其中的卜、占、巫等官员（像今天的风水大师和算命先生）备

受当时天子的宠爱，因此社会地位很高而且手握实权。这个崇祖敬神的民族在《礼记·表记篇》中这样被描写："殷人尊神，率民以事神，先鬼而后礼。"这正是商朝家具的特点——带有浓厚的宗教色彩。

在农业的发展上，殷人开创了欣欣向荣的大好局面，并把黄河流域开发成了商朝的经济发展中心。

农业经济的发达同时也刺激了当时商业经济的繁荣，并提供了丰裕的物质基础。商王朝的前期是在不断地迁移中度过的。商朝人不断地迁徙到河南、山东、陕西等地的平原，甚至曾一度进入了东部海滨地区进行贸易来往和文化交流。这无疑加速积淀了商朝家具文化的底蕴。

手工业方面，商朝人对铜的运用有了很深的造诣，将其广泛地用于兵器、车辆、家具、食器和礼器的制造，慢慢地形成了自己独特的青铜文化，并成为商朝文明的时代特征。除此之外，那个时期已有木工和髹漆技术。如造车技术的成熟、木制漆器的精美（商代殷墟出土的漆器）等等。尤其是建筑方面的发展，它极大地影响着人们的生活方式和审美情趣。

古人所谓的"席地而坐"的"席"主要指的是茵席。席地而坐的方式主要有三种：一是"跪坐"，膝盖弯曲着而坐，是中国古代跪拜礼节的起源。二是"跏趺坐"，即所谓的盘腿而坐，脚背放在股上，现在仍是佛教徒的一种坐法。三是"箕踞坐"，席地而坐，随意伸开双腿像个簸箕，这是一种不拘礼节的坐法。但随着建筑技术的发展，房屋建筑也越来越宏伟，室内空间也逐渐地宽敞起来。这个时候，仅供坐卧的席及其他简单的陈设家具已远远不能满足人们心理和生理的需求。于是室内家具种类开始繁多起来。

西周（前1046年—前771年）是我国奴隶社会的鼎盛时期。它有了明确的国与家的概念，并确立了国家与王朝一体的政治观念。与此同时，西周还强调以礼治国，并从周文王、周公旦开始就建立和完善了"周礼"制度。该项制度反映到周朝的方方面面，如祭祀、建筑、服饰、车马、家具等。也可以说它贯穿了整个西周的家具发展史，并决定了两周时期的家具特点——具有鲜明的礼器功能。

手工业上，冶炼青铜的技术又有了新的成就，即青铜制造上已有了"六齐"（指不同器具中的锡与铜的成分不同）合金技术，这对于青铜材料的广泛应用有着决定性的意义。与此同时，髹漆技术也得到了比较广泛的应用，如《周礼》有"髹饰""漆本"的广泛记载。而且与当时的镶嵌工艺进行完美的结合，创造了镶有蚌壳的漆木家具。用蚌泡作为装饰物，是当时流行的一种镶嵌手法，也是以后百宝嵌家具装饰手法的萌芽。从某种意义上可以说，它为春秋战国时期灿烂的漆木家具敲响了前奏。

农业上，周人实施"井田制"，大大提高了农业的整体生产水平，促进了周朝农业经济的全面繁荣。

建筑业相对于商朝而言又取得了进一步的发展。建筑在结构上采用了纵架木结构，建筑的高大很好地改善了室内的通风和采光条件。在湖北荆门等地发现的木构建筑，规模之宏伟，布局之合理，木柱、木板墙和地板等细部设计之周密细致在商、周时期是罕见的。但当时人们的生活方式仍是席地而坐。

总之，农业经济的发展、商业经济模式的完善和社会文明的进步为以后手工业（如冶铸、制陶、木工建筑、纺织刺绣、制漆等）的繁荣和以货币为媒介的商业兴起打下了坚实的基础。

古人坐、卧家具——席

席是供人们坐卧铺垫的编织用具，是我国古老的坐具之一。席的起源很早，在《壹是纪始》中就有"神农作席荐"之说。在《礼记·礼运》中也有记载，如："昔者先王未有宫室，冬则居营窟，夏则居橧巢。"

我们可以想象我们的祖先在洞穴里生活的情景。先辈们日夜坐卧，每天都生活在阴暗潮湿的环境里。为了防虫防潮，先辈们在地面上铺垫树皮、兽皮或草垫等物品，这便是席的原始形态。

古人席地而坐的起居方式更决定了席这一用具在我们祖先的日常生活中占有非常重要的地位。当然，夏、商、周也不例外，上至天子、诸侯的朝见、飨食、封国、命侯、祭天、祭祖等重大政治活动，下到士庶之婚丧、讲学及起居等日常生活都离不开席。可以说它是古代用途最广的坐具了。

其实在遥远的大禹时代，席的制作技术已有了很大发展，出现了丝麻织物包边和边缘花纹装饰，并开始使用了茵席（指的是车中所作的虎皮垫子），只是在当时茵席的使用还不是很普遍。如《壹是纪始》中写道："至禹作讲席，颇缘此弥侈矣，而国不服者三十三。"伴随着社会的发展，文化思想的进步，到了商朝的桀、纣时期，妇女已坐文绮之席，穿绫纨之衣，茵席也得到较为广泛的应用。

到了周朝，丝织工艺在前代的基础上又有了很大的发展。尤其是到了西周时期，各种丝麻织成的毡、毯、茵、褥等用品已普遍应用。在周穆王时，就有"紫罗文褥"的记载。伴随着手编工艺和织绣技术的不断改进，席的发展出现了欣欣向荣的局面。其花色品种不断地增多。从制作工艺的角度看，席大体上可分为编织席和纺织席两种。

编织席有凉席和暖席之分，凉席多为竹、藤、苇、草编织而成，也有个别用丝麻，暖席则多为棉、毛、兽皮做成。在《周礼·春官》中提到的"五席"便是指编织席，即"莞、藻、次、蒲、熊"。

莞席是由一种俗称水葱的莞草（也称小蒲）编织而成，是一种较为粗糙的、铺在底层的席子，常常作为铺在地上的"筵"使用。正如《诗经·小雅·斯感》中写道："下莞上簟，乃安斯寝。"

藻，有文采、修饰之意。因此，从广义上讲，凡是经过文采修饰，花纹精美、色彩艳丽的席子统称为藻席。但从狭义上讲，藻席指的是由染色的蒲草编成花纹或者是以五彩丝线夹于蒲草之中编成的席子，常常铺在莞席上使用。

次席是一种由桃枝竹编成的竹席。如郑玄为《周礼·春官·司几筵》中的"加次席辅纯"注曰："次席，桃枝席，有次列成文者。"

蒲席则是由生长在池泽的一种水草（也称菖蒲、香蒲）编织而成，多铺在筵上使用，也有编织较为粗糙的，铺在下层用作筵。这种席子摸上去顺滑而不油腻，躺上去凉爽而不透骨。

熊席，是专用于天子四时田猎或出征时所用。相传是用熊皮或兽皮制成的席子。

除此五席外，编织席还有苇席、箧席、丰席及洗浴用的础系席，郊祭用

的稿素等等。

纺织席则有毡、毯、茵、褥之别，多以丝麻为原料。

毡是一种以兽毛和丝麻混织而成的坐卧具。它的历史可以追溯到遥远的黄帝时期，如《壹是纪始》中就有黄帝做"旃"（古毡字）的传说。到了周朝则已有了专门为天子制作毡的工匠和官吏。

毯也是由兽毛或丝麻制成，但它比毡更细密，更轻薄，在我国古代的西北少数民族中应用十分广泛。它的发展历史也已很久远了，源头可以追溯到尧舜时期，如《壹是纪始》中有"尧作毯"的记载。

茵，也是人们所称的褥子，因此也有"茵褥"之美称。但在上古时期，茵主要是指车中所用的垫子。事实上，茵和褥都是一个统称，前面讲到的毡、毯之类既可以称之为席和茵（茵通稠），又可以称之为褥。史书上关于褥的记载也很多，从中可知最早关于褥的传说起源于神农氏。如《黄帝内传》中就有"王母为帝列七宝登真之床，敷华甘净光之褥"的优美语句。

周朝席的使用已与上层阶级的政治统治紧密联系在一起，席也摇身一变成了阶级地位的象征。在周朝的礼乐制度中对于席的材质、形制、花饰、边饰以及使用都作了严格的规定，要视身份地位的贵贱与高低不同而用，不得有丝毫的叛逆。如在《周礼·春官》中就记载有："司几筵掌五几五席之名物，辨其用，与其位。"

在周朝，无论是达官贵族还是平民百姓在招待宾客时都要布席。而且席和筵经常同时使用，为了有所区别，人们便把铺在下面的大席称之为筵，放在筵的上面的才称为席。使用时，先在地上铺筵，再根据实际情况在筵上另设小席，人坐在小席上。为了表达对宾客的尊重，在布席之前，主人应先询问客人愿坐什么位置，脚朝哪个方向。反过来，宾客为了答谢主人的盛情及表达对主人尊重，在入席前应脱掉自己的靴子，登席过程当中，应由下而上进入自己所坐的位置，并且不得踏别人的鞋子，更不能踩在坐席上。这就是《礼记·曲礼》中所说的："毋践履，毋踏席。"入席后，宾客还应抚席而谢之。

此外，在席的使用上还有单席、连席、对席和专席之分。

单席是为尊者所设，以表示对他们的尊敬。连席则是一种群居的坐卧方法。古时候铺在地上的横席可容纳四个人，让年长的人坐在席的端部，而且所坐之人还要尊卑相当，不得悬殊过大，否则长者或尊者就会认为是对自己的玷污。如果超过四个人，则要推长者坐在另外的席子上。对席是为能互相讲学而专门设置的，如《礼记·曲礼》有"若非饮食之客，则布席，席间函丈"的记载；专席则是为有病者或有丧事者所用。在古代，如果某人带着不吉利的事情（如亲人死丧、犯罪坐牢或亲人患有疾病等）去赴宴，就应自觉地坐在旁边的专席上，以表示对主人的尊敬。此外，在席的使用方法当中还有"加席"和"重席"的礼法，它们也是对尊者的礼貌。其用法要视身份、地位、权力的不同而定。

漆器在家具文明中的运用

在浙江省余姚县河姆渡村新石器时代遗址第三文化层中，出土了一件漆木碗，这是我国目前发现的最早的漆器，距今已有7000余年了。此外，在浙江余杭安溪乡瑶山古墓中还发掘了一件嵌玉高柄朱漆杯，说明我国良渚文化的漆器已能和玉石镶嵌工艺相结合，距今已有4000多年的历史了。而商代漆器工艺已达到了相当高的水平，不仅出现了把髹漆同镶嵌宝石相结合的工艺，还出现了在木胎上雕刻花纹后髹涂漆色的方法。如河南安阳侯家庄商代墓葬出土了木抬架盘，通长2.3米，木质，长方形，四角附有四木柄，通体雕饰有花纹，两头形似饕餮，余者以波形线和圆形纹为饰，涂有彩色。木胎已朽，为木雕遗痕，似像抬运礼器用的"抬盘"。河南安阳侯家庄商代墓葬为商代后期的王陵区。

西周漆器已逐步成为一种新兴的手工业，从出土情况看，这个时期漆器工艺技术已相当成熟。西周漆器的特点是常用镶嵌蚌泡作装饰。用蚌泡作镶嵌，是周代漆器工艺的一种非常流行的装饰手法。所谓漆镶嵌螺钿技术，就是将贝壳或螺蛳壳等制成各种形象嵌在雕镂或髹漆器物表面，使其形成天然彩色光泽的一种装饰技法，也称螺钿或螺甸。西周时期蚌泡镶嵌，实际是后世漆器中螺钿的前身。在北京琉璃河燕国西周墓地中发掘出来的一批精美的漆器中就出土了漆木俎，其上髹漆，外表用蚌泡和蚌片镶嵌。镶嵌蚌饰大多数磨成不足2毫米厚的薄片，镶嵌的图案工艺细致。再如，陕西长安县津河西岸的张家坡西周墓地出土的漆俎，髹褐漆，上镶嵌各种蚌壳组成的图案，色彩斑斓，实为我国早期漆木器家具罕见的精品。从而证实西周时期镶嵌漆木家具不但崭露头角，而且已达到相当高的水平，并把我国螺钿镶嵌漆木家具工艺的时间上溯到西周。

知识链接

道器一体的家具

与殷人不同，周人在哲学思想方面提出了"德"的价值观念。同时，周人也十分重视"礼"。如"周人尊礼尚施，事鬼敬神而远之，近人而忠焉（《礼记·表记篇》）"。周人强调"礼治"，十分重视现实。礼的本质是等级和秩序。也正是由于这个原因，周朝的礼器家具已与宗法礼仪制度融为一体并上升为奴隶社会的上层建筑。

从三礼的记载中我们可知它影响着周朝的方方面面。尤其是体现在礼器家具，如俎、几、席、禁等的材质、形制、纹饰（如窃曲纹）、边饰及使用的数量和陈设的位置等各个方面。从中我们可以清晰地看到中华民族，特别是汉民族的神权、皇权、夫权的由来及当时人们的伦理道德和价值观念。因此，从某种意义上而言，这些礼器已不仅仅是供人使用的器具，更是象征着奴隶社会的等级、名分、地位和权力的"道器一体"的价值观念。

极具权威的礼器家具

奴隶社会时期，由于生产力的提高，人们从使用石器工具逐步过渡到使用青铜工具。人类的物质文化进入到了一个新的历史时期——青铜时代。社会经济特别是手工业的发达，为家具的制作和发展提供了广阔的物质基础。这时家具突出的时代特点是：质地以青铜器为主，并兼有礼器的职能，是礼器的组成部分。

《周礼》《仪礼》《礼记》中对家具的品类、形制、数量、陈设、规格都有严格规定，无不体现奴隶社会的等级制度，而且不能逾制，从而说明家具已成为奴隶社会上层建筑的一部分。这时期青铜家具以置物类家具为主，有俎、禁等。俎一般皆出自地位在大夫、上卿之列的贵族墓内，禁出自王侯一类的大墓。俎是先秦贵族祭祀、宴享时陈放牲体类似几形的一种器物，也是切肉用的案子，属置物类家具，祭祀时，常与鼎、豆配套使用。

俎在商代主要是祭器。可以从青铜器俎的造型看到中国家具的雏形。其造型特点是运用对称而又规整的格式和安定而庄重的直线，来服从于祭祀的要求。如青铜俎的四足造型运用板状腿构成足，前后二足之间出现了两个对称的在中国家具史上沿续了几千年的装饰壶门，既具有对称规整的格式，又增添了板腿造型上的变化，构成了最高度的安定感。其装饰特点是以饕餮纹、夔纹、云雷纹为主要装饰。图案也与造型相同，多采用对称的格式，很可能与商代流行的"中剖为二""相接化一"两分倾向的世界观有关。兽面的正面对称表现，产生一种庄严感，更强烈地衬托出殷代青铜家具威严、神秘、庄重的艺术特点。西周时期俎与鼎配套当成礼器来使用，《周礼·膳夫》载："王日一举，鼎十有二，物皆有俎。"俎也有贵贱之分，如《礼记·燕义》曰："俎豆牲体，存荐。皆有等差。所以明贵贱也。"因为俎一般皆出自地位在大夫、上卿之列的贵族墓内，所以传世和考古发掘的俎很少。

西周懿孝时期的壶铭文中有周王赐给痪"彘俎""羊俎"的记载。"彘俎"是盛放猪牲的俎，"羊俎"是盛放羊牲的俎，说明西周时盛放不同牲体的俎各有专名。俎虽然属置物类家具，但更重要的是作为重要的礼器使用。俎使用于各种礼仪活动之中，《周礼》《仪礼》《礼记》等古文献均有记载，特别是《仪礼》对俎的使用记载颇为详细。因为俎为载牲之器，所以与鼎配套作礼器使用，且为奇数。天子、诸侯之礼应有大牢九鼎九俎。《仪礼·公食大夫礼》记载卿或上大夫之礼，应为七鼎七俎，下大夫用五鼎五俎。

我们可以从考古资料和文献记载中一睹商、周时期俎的风采。如河南安阳大司空村商代墓出土的石俎，面板为平面，四边刻有高于面心的拦水线，有四足支撑案面，周身雕刻有纹饰，特别是四足雕刻有对称的云雷纹和饕餮纹，具有商代艺术的典型风格。如辽宁省义县出土的周早期的双铃铜俎。面板长方形，中部为凹槽形，板形足，高14.3厘米，长33.5厘米，宽18厘米，板壁厚0.2厘米，重2.5公斤。面板作长槽凹形，下为相对的倒"凹"字形板足，中为壶门装饰，板足空当两端各吊扁形小铜铃一个，板足饰精致

的细云雷纹和饕餮纹，铜铃制作精巧，其形式为我国青铜器著录之罕见。

禁为先秦贵族祭祀、宴享时陈放酒器、食器的一种案形器具，亦为置物类家具。《仪礼·士冠礼》曰："两瓶，有禁。"郑玄注："禁，承尊之器也，名之为禁者因为酒戒也。"禁也有等级之分。如《礼记·礼器》："天子、诸侯之尊废禁，大夫、士棜禁。"郑玄注："棜，斯禁也。谓之棜者，无足有似于棜。大夫用斯禁，士用棜禁，如今方案，隋长局足高三寸。"禁是承尊器的器具，其形状有无足和有足之分。祭祀时以质朴低下为贵，天子诸侯位尊反而不用禁，酒器直接摆放在地上，大夫、士位卑，酒器放在无足禁上。禁的形象代表着后代箱、橱柜类型家具。如陕西宝鸡斗鸡台出土的西周早期龙纹青铜禁。禁体周壁作镂空夔纹和蝉纹，面板为长方形，无足，长方体，似箱形，四壁皆镂空有栏，面有三大椭圆形孔，孔有周边。另外，美国纽约大都会博物馆收藏的西周早期的青铜鸟纹禁，面板为方形，无足，体似箱形，为承单件卣之禁，禁面中央突起以套承卣的圈足，四面有壁，侧壁各有两方孔，周身雕刻有兽纹、鸟纹和细云雷纹。总之，这时期家具的材质、色彩、纹饰、使用都要严格按照等级与名分行事，不可僭越礼制。

三代家具装饰文明

只要见过商、周时期青铜器的人们，就会被青铜艺术所表现出的神秘、威严、庄重的气氛所震撼。而这时期的家具装饰，往往和同时代青铜器所表现出的装饰风格一样，采用对称式构图，多以单独适合纹饰为主，有主纹也有地纹。以饕餮纹为主，其次还有夔纹、蝉纹、云雷纹等。

饕餮纹在考古界也称为兽面纹。饕餮的特点是以鼻梁为中线，两侧面作对称排列，上端第一道是角，角下有目，有的有耳和曲张的爪等。饕餮之名本于《吕氏春秋·先识览》："周鼎著饕餮，有首无身，食人未咽，害及其身，以言报更也。"《左传》谓饕餮是"缙云氏不才子"。而《史记·五帝本纪》集解引贾玄曰："缙云氏，姜姓也，炎帝之苗裔，当黄帝时在缙云之官也。"蚩尤姜姓，亦炎帝之苗裔，故蚩尤很可能是缙云氏之"不才子"饕餮，传说"天下之民以比三凶"（《左传·文公十八年》）。宋罗泌《路史·蚩尤传》注云："蚩尤天符之神，状类不常，三代彝器，多著蚩尤之像，为贪虐者之戒。其像率为兽形，傅以肉翅。"宋人将青铜器上表现兽的头部或以兽的头部为主的纹饰都称饕餮纹。

龙纹一般包括夔纹和夔龙纹，宋以后将青铜器表现一足的类似爬虫的物象称之为夔，这是引用古籍中"夔一足"的记载。实际上一足的动物是双足动物的侧面描写。

饕餮纹和龙纹等纹样一般装饰在家具的面板或板足等处。饕餮纹和龙纹等纹样有着强烈的狞厉神秘感，它的形成具有一定的社会原因和社会基础，与当时社会生活、社会思想密不可分。这时期装饰艺术的社会意义，其宗教意义往往大于审美意义，家具装饰风格所表现出的审美要求，必须服从宗教意义。

原始社会末期以来，至商、西周时期大规模氏族部落的吞并，战争的频繁，经常屠杀、掠夺、奴役成为社会的基本动向，社会是通过血与

火的交融而向前迈进的。吃人的饕餮正好是这个时代的象征，它对异氏族是威严、恐吓的图案，又是本氏族的保护神，它体现了当时人们对自然认识的程度和意识形态领域中浓重的鬼神观念。这时青铜器包括青铜器家具多作为祭祀的"礼器"，献给祖先或铭记武力征伐的胜利。饕餮纹和龙纹等纹样所采取的既对称而又规整的形式，突出表现的是一种神秘威吓中的畏怖、恐惧、残酷和凶狠感，这些主要是为了服从于祭祀的要求，从而达到精神统治的目的。这种超人的力量与原始宗教神秘观念的结合，使这个时期青铜艺术包括家具装饰艺术散发着一个磅礴凝重的力量感和狞厉神秘的艺术风格。

扩展阅读　商代妇好三联甗

1976年，妇好三联甗于河南省安阳市小屯村殷墟妇好墓出土。通高68厘米、长103.7厘米、宽27厘米、铜质。是古代炊器，由两部分组成，上部是蒸食物的甑，下部是煮水的鬲，通过中间的甗以通蒸汽。器由长方案形鬲和三件甑组成，因其形似三件甗联为一体，故名"三联甗"。禁状鬲作长方案形，有6个曲尺形方足，腹底平而中空，腹内用以盛水。案面置承甑器有3个侈领圈形灶孔。三甑为敞口方唇敛腹，底有三扇面形孔，双耳上饰兽首，口沿下饰夔纹。灶口周饰蕉叶纹及云纹带，案四壁饰夔纹带，间以涡纹，其下加垂叶纹。其器形有上下一体的，有上下两体可开合的。

早在石器时代就有了陶甗，而到了商代出现了铜甗。禁状鬲的中央圈口内壁、各甑内壁及两耳下外壁均有"妇好"二字铭文。此器形制独特，纹饰精美，又十分实用。妇好为武丁之妃。此物当为商代后期王室特有的器物。这是商代家具中具有代表性的一种家具。此器现藏中国历史博物馆。

第十章

三代体验
——夏、商、周日常生活文明记事

夏、商、周三代是我国奴隶制社会时期，其三代人们在生活上有其独特的一面，后世很多生活习俗都延续三代的生活方式，例如：饮食、交际礼仪、城市生活、节庆娱乐等等，下面就一起感受一下夏、商、周时期的日常生活文明。

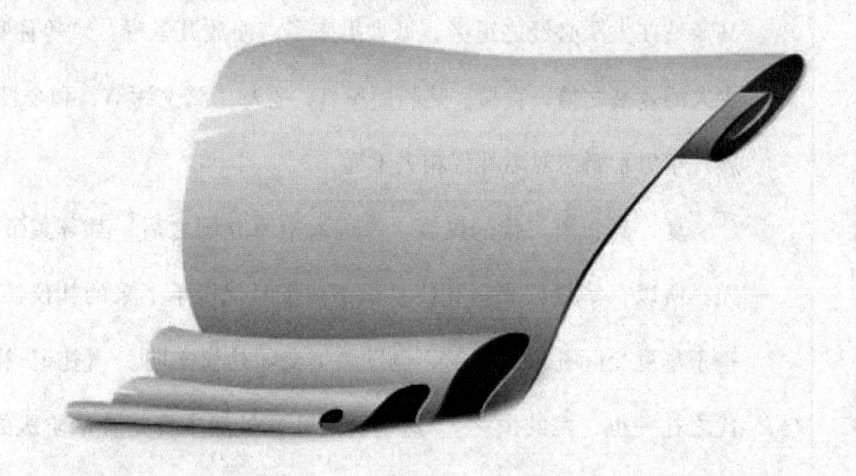

夏、商、周时代的交际文明

我国古代把居住在中原地区的主体民族称之为华、夏、华夏或诸夏。华夏族在中原建立的国家是为夏朝。作为交际礼仪重要物质形态的饮酒，在夏朝时已十分盛行。有的文献很形象地描绘出他们痛饮的场面：醉了的人扶着没醉的人，没醉的人又急忙扶住喝醉的人，并且嘴里不停地嘟嘟哝哝地唱着歌，活现出酗酒成风的情景。

"无酒不成礼仪"，社会生活中群饮多半为了交际，当然有相应礼仪，可惜缺少文字记载。婚恋是交际礼仪的重要部分，《吕氏春秋·音初篇》："禹行功，见涂山氏之女，禹未之遇而巡省南土，涂山氏之女命其妾候禹于涂山之阳，女乃作歌，歌曰：'候人兮猗！'实始作为南音。"涂山氏之女命其妾站在大禹必经之道旁，见大禹来了，便放开歌喉："等你呀！"以转达主人的爱慕之情，直接、热烈而率真，省却了繁文缛节，和今日西南少数民族青年男女婚恋对歌礼俗相去不远。

夏、商、周三代的民族，一进入中原立国之后，都尊黄帝为自己的祖先。所以，华夏族交际礼仪共识于黄帝时代传承下来的礼仪核心，亦即统一于华夏交际礼仪，同时，也发展了交际礼仪文明。《礼记·礼器》："三代之礼一也，民共由之。"这里所谓礼，虽然主要指统治阶级的典章制度，也包含交际礼俗。"一也"即一脉相承之意。

　　《论语·为政》曰:"殷因于夏礼,所损益可知也;周因于殷礼,所损益可知也。"孔子在强调"因于",即继承关系的同时,又指出有所"损益"即变化发展。其实,每一个民族的交际礼仪,都以本民族固有的为基础,在发展过程中不断吸收其他民族的文化。夏、商、周交际礼仪的发展,是黄帝到尧、舜、禹时代,以长期融合而成的华夏交际礼仪为基础,同时也不排除商人吸收东方的东夷文化和东北的燕文化;周人吸收西北的戎、狄文化,以至南方的苗蛮文化等等。吸收和融合的结果,使华夏交际礼仪日臻严密,且有广泛的适应性。

　　以宴饮为例。西周时期,实行礼治,宴饮受政治制度的影响,成为庆典活动和交往的礼仪形式。为了适应这种礼仪性质,对宾、主在宴会中的行为、使用的食品、食品的陈放形式、音乐、环境布置等均开始有了一系列繁琐的规定。如规定了宾、主应酬中酒的数量和饮酒的秩序及许多礼貌;规定了酒具、饭食、荤肉、素菜摆放的位置和组合的形式;规定了选贤任能的"乡饮酒礼"歌、《诗经·鹿鸣》等。按宴会主题选择歌曲的原则,规定了宴会的席位座次。

　　又以文字以例。作为书面语言,其创造仍然为的是适应交际需要,也必然反映并扩大、推动交际礼仪发展。汉字兼有象形表意的综合功能,其间有一部分至少是比较原始、客观地记载了夏、商、周交际礼仪习俗。例如宾、客,甲骨文里的宾,上面像屋形,下面从人从止,意思是客人来到屋下,即宾客到门,本义是客人、贵客。

　　《仪礼·士冠礼》曰:"主人再拜,宾答礼。"指以宾客之礼相待。客,比甲骨文稍晚的铜器铭文里有此字,上部像屋子,下部"各"是到的意思,

即从外面而至，亦即有人自外而入，即所谓拜访。由此可知，在阶级社会初期，人际交往的频繁，华夏民族好客的古风。又如"契"字，上部的"丨"像木棍，"三"是刻成的印记，"丰"像一条木棍上刻成印记，这就是古时的契据。"刀"是刻的工具，"大"是大小的大，即大家必须公正、自觉遵守，任何一处不得私自随意在棍上刻画。

如果说夏以前的交际礼仪尚有史前传说之嫌，那么被公认为信史的夏、商、周三代，特别是典籍上所载商、周礼仪，有大量的出土文物佐证，则不容置疑。这三个朝代所处的阶级社会，整个礼仪的思想基础都建立在对上帝、鬼神、天命的迷信上，从出土的卜骨、礼器和殉葬品以及传世的文献资料来看，足见其"国之大事，在祀与戎"。而在诸多频繁的祭祀中又有等级身份的区别，于是交际礼仪的内容和形式，在尧、舜时代一脉相传的基础上，更加突出了君臣、父子、兄弟、亲疏、尊卑、贵贱等关系，而且形成传统，一直延续到20世纪初。

值得注意的是，中国文化史上第一部系统记载礼的书《周礼》已在周初出现，此即为后世传颂的"周公制礼"。《礼记·明堂位》称："武王崩，成王幼弱，周公践天子之位，以治天下。六年，朝诸侯于明堂，制礼作乐，颁度量，而天下大服。七年，摄政于成王。"通常认为传世的《周礼》和《仪礼》就是周公的遗典，并与其释文《礼记》同为后儒的经书，总称"三礼"。虽然尚有争论，但《仪礼》是先秦时代部分礼制的汇编，看来是不应怀疑的。因为《仪礼》所讲为士所习的礼节，汉人称为《士礼》或《礼经》，又因其所讲为具体仪节，不是礼的意义，晋人改称为《仪礼》。以上情况说明，《周礼》和《仪礼》未必全出自周公之手，史传的周公制礼，可能是周公颁布了一套维护奴隶主统治的典章制度，即礼制，构成了《周礼》的原始形态。这套由周公奠定的典章制度，不仅从文字上确立了礼制的历史，而且还从概念上承认了包括交际礼仪在内的礼俗历史，对后世的交际礼仪影响颇大。

自周代开始，礼正式两向分流，礼仪制度成为国礼，而交际礼仪所在的礼俗就逐渐成为家礼。特别在春秋战国时代，这种分化尤为明显。《管子·牧民》中有"大礼"和"小礼"之说，注释为："礼之大者在国家章典制度，其小者在平民日用居处行习之间。"另一方面，礼制的制订又常从庶民中吸收一些礼仪习俗，即所谓"礼失而求诸野"。故《礼记》有"礼从俗，事从宜"的说法。正因为这样，在《周礼》（大礼）中仍保存着部分交际礼仪习俗（小礼），且至今还在民间世俗中起作用。如关于说话、坐、立、行、出，在老者面前，在父辈友人面前等等，均有详细礼仪。比如《礼记》开篇的《曲礼上》云："《曲礼》曰：毋不敬，俨若思，安定辞，安民哉！"翻译过来意即《曲礼》说：不要不谨慎，态度庄重像有所思虑，说话要安详确定。这样才能使人幸福啊！这是当时关于交际的说话礼仪。

商代人的饮食文明

民以食为天。据专家考证，商代时，中国的饮食就已经发展到了一定的水平。不仅有了主食和副食之分，还有了为王公贵族专门服务的厨师，而且在厨师中已经有了详细的分工，也基本上掌握了目前常用的煮、腌、蒸、烤等多种烹饪方法，为中国饮食名扬世界奠定了初步基础。

据考证，商代时的平民和奴隶通常是一日两餐，两次开饭时间大致相当于现代上午九点和下午五点。王公贵族们则是一日三餐，除了上述两餐之外，还要在晚上加一顿"宵夜"。

根据对甲骨文资料和其他一些考古资料的研究，专家们认为商代种植的作物最普遍的是"粟稷"和"黍"。"粟稷"是当时占最主要地位的粮食作物，这个名称是当时的叫法，实际就是小米。它之所以能成为商代人最主要的粮食，是因为耐旱的特性在当时的农业发展状况下，使它成为所有农作物中最容易种植的，而且产量比其他粮食作物要高一些，又更易于保存，因此地位最为重要。"黍"就是黍子（去皮后就称为黄米），它的产量不如粟稷，却是酿酒所必需，因此种植也颇为广泛。除了粟稷和黍，商代人也种植麦、稻、菽（豆）等作物，但这些东西在当时都属于奢侈品，只有贵族们才可能享用到。

商代副食与现代相仿，肉食的种类与现代基本没有差别。瓜果、蔬菜等素食的种类虽然远不如现代丰富，但在当时是属于贵族们的奢侈品，平民和奴隶几乎没什么机会尝到。

据考证，商代人的烹饪方法已经相当高明了。商代的名相伊尹就曾是一位高明的厨师，《史记·殷本纪》里说他曾"负鼎俎，以滋味说汤，至于王道"，以饮食滋味为商汤诠释治国之道。从他关于烹调的精彩讲解来猜测，商代的厨师们多半已经能烹调出各种精致的美味，否则这位宰相大概无法通过饮食来说明那般深刻的道理。根据对磨盘、杵臼这些商代前就已出现的粮食加工器具的研究，有的专家认为商代人很可能已经懂得用麦子制作面食，而甑和甗这两种炊具的大量发现，证明商代人已经开始蒸饭吃了。他们肉食的烹饪方法更是多样，炖和煮是最普遍的方法，此外还有烤、晒干等，并且能够制作腌肉和腊肉。而且当时的饮具也已经有了明显的分工，譬如鼎用来煮肉，鬲用来煮粥。

商代人喜欢喝酒在学术界早已成为共识。在《诗经》中就有很多反映商代人喜欢喝酒的文字，大批酒器的出土再次证明了这一事实。不仅有喝酒用的爵、角，存酒用的壶、卣、罍，还有盛酒、调酒、温酒用的。商代还没有今天的白酒，当时的酒精度也较低，主要有用粮食酿造的米酒和用水果酿造的甜酒。

商代人在多数情况下，直接用手抓饭吃。但那时已有了筷子，筷子只有吃蔬菜和肉食时才使用。另外还有一种被考古界称为"匕"的食具，和今天勺子的用途非常类似，但和如今的勺子在样式上却很不一样。匕大部分都是用骨头做成的，前端呈扁平状，被磨制得极其光滑。他们盛放饮食的器具也有了明确的分工，盛饭和盛菜的器具、盛放主食和盛放副食的器具

都是有区别的。商代人盛饭用的器具主要是青铜制或是陶制的"簋",商代的"簋"多为圆形,有两只耳;盛肉的器具主要是"盘"和"豆",盛酒的器具则多为青铜器。当时还没有出现桌子和椅子,吃饭时就席地而坐,因此为了方便起见,当时的食具都带有高高的足。

粮食的加工,大体分脱壳、研碎两道工序。一般是舂去谷粒的外壳后再食用,穷苦人也有带壳而食的。那时还没有后世的磨子,而是用碾盘(磨盘)和碾棒(磨棒)把谷物擀碾成糁,还不会细磨过罗制成面粉。熟食的制作分煮和蒸。煮饭用鼎和鬲,蒸饭用甑和甗。煮饭时,水多米少为粥,稍稠一些的粥又叫"饘";隔水蒸制则成米饭。《左传》昭公七年载孔子的祖先自称"饘于是,鬻(粥)于是,以糊余口",足见自古以来穷苦人为省粮,常常是以粥、饘为主,稀多干少的。

菜肴亦可分动物性食品和果蔬两大类。只有贵族们才有条件充分享受肉食和各种珍异之物。据《礼记·曲礼下》,当时用于祭祀的食物有牛、羊、豕、犬、鸡、雉、兔、鱼。《礼记·内则》曾举公食大夫的宴席规格:"饭:黍、稷、稻、粱、白黍、黄粱、稰(熟透收割的粮食)、穛(未熟收割的青粮食);膳:牛肉羹、羊肉羹、猪肉羹、牛炙(烤牛肉)、醢(肉酱)、切牛肉、牛胾、羊炙(烤羊肉)、切羊肉、豕炙(烤猪肉)、切猪肉、芥酱、鱼胾、雉、兔、鹑;饮:重醴谓用稻、黍、粱酿造的三种甜酒——醴酒,又各以清(过滤过的)、糟(未加过滤)相配重设——稻醴清糟、黍醴清糟、粱醴清糟。或以酏为醴(用粥酿成的醴酒)、黍酏(谓粥要用黍米粥)、浆(一种微带酸味的饮料)、水、梅酱、滥(用水浸泡干桃、干梅做成的饮料)……羞(美味食品):糗(炒熟的米麦)、饵(糕)、粉、酏(粥)。"《内则》还讲到贵族们平时宴食中的一些食物,计有蜗、雉、兔、鱼卵、鳖、蚁卵、雁、麋、蜩（蝉）、范（蜂）等等，真可谓五花八门，无奇不有。当时的烹饪方法，有煮、蒸、烤、煨、干腊及菹（腌制）酿等，后世的爆炒之法尚未出现。调味品，主要是盐和梅，属咸、酸二味；苦味，当时靠酒解决；辣味，有姜、葱、蒜（卵蒜，非后世传入之大蒜——胡蒜）、芥；甜味，有饴（麦芽糖）、蜜。西周时期的蔬菜，据《诗经》《周礼》等书所言，有韭、葵（冬葵）、芥、菖蒲、笋、韭、薤、芹、芦、瓠、蔓菁、菲（萝卜）等。

贵族们在正式场合吃饭，有严格的等级规矩，天子以下，有九鼎、七鼎、五鼎、三鼎、一鼎几个等级，即所谓"列鼎而食"。吃饭时，还有乐舞助兴，即后人所谓"钟鸣鼎食"。而一般庶人，则过着十分清苦的日子。春秋时，人们习惯于把在位有禄的贵族叫"肉食者"（《左传·庄公十年》），战国时的孟子也把普通老百姓"七十者可以食肉""老者衣帛食肉"看作理想（《孟子·梁惠王上》），足见古时（西周自然在内）庶民们一般是吃不上肉的（节庆或有所猎获例外）。岂止吃不上肉，平常年景也多是以粥和菜羹果腹，遇有青黄不接、荒年饥岁，就只好靠"荼"（苦菜）一类的野菜打发日子了（《诗经·豳风·七月》）。

商、周时代的建筑文明

商代人建造的房屋设计更加合理，居住也更加舒适。从出土的台基、筑洞和建筑构建来看，商城内大有宫殿，小有地穴，单间与套间并存，回廊与重檐掩映，居住条件已经相当不错了。

商代的房舍建筑，已不仅仅是人们遮风避雨的需要，更是身份地位高低的标志。奴隶主贵族们已经住上了数百平方米的寝殿，拥有宽大的回廊和凸出墙壁的重檐，室内"宫墙文画，雕琢刻镂"，被称为"四阿重屋"。而地穴式的房屋，在商城内虽然仍可见到，并且数量也不少，但它已经不是最好的房屋，甚至可以说是最差的了。这种地穴式的房屋是奴隶或者下等平民的居所。

专家推测，商代的平民居室内应该已经有了诸如土床、灶、灰炕席等一些比较简单的家具和陈设。当时的家具陈设很少有木制品，大多是泥土垒造的。屋内最大的家具要算床了，当时所谓"床"的概念与现代的不同，是兼有坐具和卧具两种功能的家具，一般的半地穴式房屋中都筑有一到两个长方形的土床，床上铺着竹席或苇席。席在商代还是具有非常重要的作用，不但床上需要铺席，人们坐在地上时也需要席子，乃至死后也是需要用席子包裹着放入棺材中的。灶则是居室中做饭的地方，多位于屋子的墙角和墙根处。居室内还有特意挖出的壁龛，用来放置杂物，以及灰坑一类的坑洞，大体上类似于今天的储物柜或是垃圾桶。此外还有俎和禁两种青铜器，其造型和基本功能类似于现代的桌、箱、柜一类的家具，大概也是它们的雏形。

古代的灶

从今天所能见到的商代建筑来看，当时的人已经掌握了颇为高超的居室设计技术，地面划线，以水测平、日影定向等技术已经出现，而且手法相当先进。商代宫殿已经修盖了屋檐，既能保护外围的木结构免受日晒雨淋，又增加了建筑的美观性。目前我们所见到的宫殿建筑中，主要的形式有三大类：四合院式、回廊式和复合式。第一种类似北京胡同中的四合院格局，台基是正方形，四周有围墙，圈出庭院，正殿在北，其余三面都建有廊庑；第二种也是方形，不过屋室都并列在台基上，周围是回廊，廊外有柱子支撑着的挑檐，挑檐凸出，上端是重檐；第三种属于前两种的复合。

考古发掘中西周平民居住的这种半地穴式的房子在陕西长安沣西张家坡、河北磁县下潘汪、北京刘李店、邯郸邢台寺、洛阳王湾等地皆有发现。这种房屋的建筑方法是：先在地面挖出长方形、椭圆形或圆形深浅不等（一米左右至二三米）、面积不一（几平方米至数十平方米）的土穴；然后再在地基上涂草泥，经火烧结变硬，既防潮，又平整；穴壁大多即室墙（有的还涂以细泥作为修饰），部分浅土穴在地面上可能还有一段土墙，以增高室内

高度；室内及墙外四周分挖大小柱洞，以木为柱，上覆草顶，房顶可能作四阿式或圆锥式。室内有灶及储藏物品用的窖穴（有的窖穴在室外）。房屋基本上都是单间，个别大一些的房屋中间有道隔墙，分居室为两半。

西周的宫室建筑，到目前为止进行了比较系统的发掘清理并获得较大收获的首推陕西岐山凤雏村西周甲组建筑基址。基址的年代，据推测，当始建于武王克商前，并一直延续使用至西周晚期。在甲组建筑基址的西边，还有乙组建筑基址，按传统"庙在寝东"的说法，甲组建筑群应为宗庙，乙组为寝宫。甲组建筑基址的房基占地1469平方米，以门道前堂和过廊构成中轴线，东西两边配置门房（塾）厢房，左右对称，整齐有序。堂前有大院子，由三列台阶登堂，左右各有台阶二组登东西回廊。堂后有过廊过后室，过廊两侧为东西两小院（庭）。前堂为主体建筑，台基最高，面宽6间，通长17.2米，进深3间，宽6.1米。台基为夯土筑实，但北壁用土坯砌成，上涂三合土。后室5间，面宽23米，进深3.1米，有走廊，地面为三合土灰浆面。东西厢各有八室，南北排列，东西对称，前檐有走廊，地面亦为三合土灰浆面。台基下有陶管或卵石砌成的排水道，台檐外面均有散水沟或散水面，排水设施良好。墙体为夯土版筑或草拌泥垛筑。屋顶，前堂悬山顶或四阿顶，后室及两庑为单面坡顶或两面坡顶，覆以芦苇束、草泥和少量的瓦（可能仅用于屋脊、檐口及天沟附近）。瓦有阴阳板瓦和筒瓦，部分瓦上有环或瓦钉，这是迄今所知我国最早的陶瓦。整个建筑具有四合院的基本特点，开后世中国建筑正统布局之先河，堪称中国传统建筑的早期典范。

半地穴式的房屋及夯土板筑、垛泥墙体，显然并不适用于南方潮湿多雨的自然环境。这里，房屋主要为木结构。在湖北荆门、圻春等地，都已发现西周时期的木构建筑遗址，并有成组的木构楼房发现。

绚烂多姿的服饰文明

由于商代距今时间久远，而衣服又属于难以保存的物品，所以到目前为止，还没有发现商代的服装实物。现在研究商代人穿衣打扮，除了通过古代文献对商代服饰的零散记载外，主要靠考古发现的商代玉、石、铜、陶人像雕塑所显示的衣冠来推测。

尚处奴隶社会的商代是一个由奴隶主贵族统治的朝代，处处显示着等级的高低，在穿着上亦不例外。奴隶和平民的衣饰简陋，而奴隶主贵族则要考究得多。

从衣料上看，商代平民和奴隶穿着的大多是植物草茎编织品，手工粗劣，色调单一。而奴隶主贵族们的则相当讲究，衣料大致分两种，即"衣"与"裘"。

"衣"是纺织品的统称，这些纺织品又可以细分为丝帛布和麻、葛布。比较起来，当时的贵族们更偏好前者，即那些柔软舒适的丝绸织物。商代的工匠们纺线主要使用纺轮，石制和陶制的都已经十分普遍。根据考古发现，那些几千年前的工匠们不但已经有了缫丝技术，而且还掌握了如何为麻葛、蚕丝纤维脱去表面胶质的方法，经过脱胶处理的纤维相当结实耐用。此外，他们还掌握了用羊、马、牛等动物的毛制作毛织物的技术。

"裘"是兽皮制成的衣服的统称。"裘"在商代属于比较贵重的服装，这个名字也一直沿用至今，含义几乎没有发生过变化。

在服饰上，商代人穿衣打扮最基本的模式就是"衣"与"裳"。"衣裳"这个词在现代泛指衣服，但在古时是有很大区别的，"衣"专指上衣和上装，而"裳"则是所有下装的统称。而且，当时的人下装是不包括裤子的，只有裙子。商代人一般就是上衣下裳，然后在腰间束一条宽带。

同样，商代各个等级所穿的衣服也存在着明显差别。大多数奴隶们实际上是没有衣服穿的，只能赤身裸体，或是在腰间束条布带。贵族们的服装样式则很精致讲究，而且不同等级的贵族们服饰也不尽相同，主要体现在上衣的长度和领口的形式上。

据专家考证，当时中原地区的高级权贵们，衣服一般都带有华丽的图案或花纹，上衣的长度到达臀部，袖口比较窄，袖子盖住手腕，无论男女，下身都系一条带褶的短裙。他们的衣领和衣襟与现代的西装相差不大，两边衣襟交叠在胸前，只不过商代人的右襟要压在左襟上，与现代正好相反。中小贵族们所穿的衣服样式和高级贵族们大致相同，只是上衣的长度稍长，前襟在膝盖以下，后襟要达到足部，而且衣服上一般没有花纹。下层平民和奴隶则更简陋，衣服一般是圆领，下摆一直拖到地面。

商代人已经开始逐渐摆脱光脚走路的习惯，因此鞋子的质地和式样也显得尤为重要。平民和奴隶大多数仍是赤脚，但也有用树皮、草、麻等材料编成草鞋来穿的。这样的草鞋只有鞋底，用绳子穿起来系在脚面上，就勉强算是一双鞋了。高级贵族们的鞋子多是皮制的，鞋帮比较高，鞋尖向上翘，鞋底是平的。上层集团的统治者和妇女们的鞋子则多是丝织品，同样是平底高帮。中下层贵族们的鞋要简陋一些，多是用麻葛布制成的，式样大致相仿。

除了衣服和鞋子，商朝人也开始有了戴帽的习惯。不过当时的帽子式样很单调，戴的人也不多，他们更愿意注重发型和首饰方面的装扮。当时的人喜欢使用玉制或骨制的簪子来别住头发，已经能做出很多种别致的发型。他们还喜欢在衣襟上镶上漂亮的花边，在衣角、腰带上垂挂各种佩饰，并佩戴手镯、项链等饰物。制作这类饰物的材料也是多种多样，除了有玉制和骨制的之外，还有石头、蚌、贝壳等许多种材料，制作的工艺已经颇为先进。

西周用来制作冠、带、衣、履的材料有丝、麻、毛、皮等。当时的丝织品，如前所述，主要是平纹的帛，地花皆为斜纹的绮，染色刺绣品也已经有了。

古代有身份的人头上的首服曰冕、曰弁、曰冠。冕是王公诸侯的首服，弁是由天子到士的礼用首服，冠是贵族们通常戴的首服。贵族的男孩到成年时要举行冠礼。一般只有贵族才戴冠，庶人只着头巾，但也有例外，如《礼记·郊特牲》即言蜡祭时野夫（农夫）着"黄冠"。这可能是例外，也可能是东周"礼崩乐坏"后出现的新景象。

那时，人们脚上穿的鞋子，分别用麻、葛、皮制作，单层底的叫"履"，双层底的叫"舄"。

西周时期的城市生活

中国古代，城市大量兴起的第一个高潮，是在公元前21世纪左右。周武王姬发率众攻陷了商朝国都——朝歌，从而建立起封建领主制的西周王朝。西周社会，是中国历史上一个极其重要的时期，无论是其政治体制、经济体制，还是思想文化等方面，在中华民族的历史上，都留下了不可磨灭的痕迹。中国古代城市的兴起，也是在这个时期开始的。

为了维护和巩固封建领主的统治，开国之初，周天子在土地国有制的基础上，分封了大量诸侯国。据司马迁《史记·周本纪》记载，西周初年共分封了大小诸侯国几百个。这些大大小小的封国，既如众星捧月，烘托着周天子的尊严，又盘根错节，维系着周王朝的统治。

这些大小诸侯受封之后，必然要到自己的封地去进行统治，这样就出现了众多因政治需要而建立的城市。周天子分封诸侯的标准，完全是出于政治需要，无论是地点的选择，还是封地的大小，都取决于受封者与周天子关系的亲疏，或是否有利于西周的统治。这样，势必形成中国早期城市确立的原因，完全取决于政治因素的考虑，而不是源于该城市的地理位置或生产、经济的发展程度。因此，中国早期由生产、经济的发展而形成的城市雏形——聚邑，到此面临一个历史性的抉择：如果它正好处于诸侯的封地之中，与政治需要相统一，它就能得到继续发展；如果它不幸处在封地之外，它的发展历程就艰难曲折，有的甚至因政治原因而从此窒息。

在这种政治型城市中的城市生活，同样深深地打上了政治型的烙印。西周政权从它的统治需要出发，将城市分成三个等级：第一等级是王城，就是周天子的居住地和最高统治机构所在地；第二等级是诸侯的都邑，这是分封到各地诸侯的居住地和管理机构的所在地；第三等级是诸侯的宗室居住地和诸侯手下各位卿大夫们的居住地（当时称为"食邑"）。这三个等级的城市，其建筑规模，如城墙周长和高度、城中建筑物的区划等等，都有严格的规定，决不允许僭越。（《周礼·考工记·匠人》）

在这些城市里，人们的居住受到严格的限制。就一个城市而言，它分为城、郊、野三部分。"城"，即指用城墙围起来的区域；"郊"，即靠近城墙的城外地区；"野"，则为远离城市的地区。城、郊、野三者区域的大小，完全由该城统治者地位身份的高低显贵来决定。居住在城中的，当然是统治者和贵族；在城市中市场的附近，居住的是大量的平民（其中绝大多数是手工业者）；而居住在"郊""野"的人们，就是从事农业生产的农奴。正如《管子·大匡》中所言："凡仕者近宫，不仕与耕者近门（指城门），工贾近市。"只有这样，才能维护统治阶级的尊严和封建"堡垒"内的秩序，否则将"百姓不安其居，则轻民处而重民散"（《管子·七法》）。按管子的说法，士、农、工、商四类居民，如果不安其分，居无定处，那就会使"轻民"（这里指的是"盗者"）用偷盗致富；而"重民"（这里指有专业技术的居民）会因被盗而破产。所以，在当时的城市中，各类人等居住的区域是有严格规定的，决不可混杂。

这个时期，由于城里绝大多数的"居民"都是统治阶级和贵族，因而，

当时的城市生活必然以贵族生活为主调，而属于城市的最下层——平民的生活，却是十分单调的，只是当时城市生活的附属品。商、周时期的城市平民，主要指的是为统治者服务、生产满足统治者需要的奢侈品的手工业者。他们的最大特点都是官营手工业者。

这些居住在城里的手工业者，大都为官营手工业者。据《周礼·冬官·考工记》记载："天子之六工，曰：土工、金工、石工、木工、兽工、草工，典制六财。"在这六个大部类下，每类都有不少具体分工。这些"在官之工"统称为"百工"。正是这些"百工"的经营，从而形成了众多的手工业门类。如木工这一大类，就包括制造车辆的木工、制造车轮的木工、建造房屋的木工、制作家具的木工等；在皮革工中，又分为制皮工、皮鼓工、皮裘工、梳皮工等等。但是，无论从事什么行业的手工业者，都被官府统辖在官营的"天子六部"之中，这就是史书上称为"工商食官"的由来。当时的大小城市中，除了集团和贵族势豪以外，构成城市居民的主要成分，就是这些从事手工业生产的工匠和他们的家属，当时称为"国人"。

可是，这些门类众多的手工业部门生产的产品，绝大多数都不是以商品的形式出现的，而是以贡品的形式无偿地向统治阶级或贵族提供。在中国古老的文献《禹贡》中记载，当时的贡品，有兖州的漆器、丝织品；青州的细葛织品、海产品；徐州的磬（用玉石制作的打击乐器）；扬州的金三品（金、银、铜制成的饰品）、羽制品；荆州的朱丹、箐茅（祭祀用品）、玑组（玉或玛瑙制作的不规则的挂件饰品）；梁州的熊罴狐狸之皮……从这里可以看到，这些贡品绝大多数都是高级奢侈品，城里的平民百姓，包括这些贡品的生产者，都是无缘享受的。

知识链接

跳丸

跳丸也称为弄丸。这种游艺形式在东周时期就已经出现在被称为"蛮夷之邦"的楚国一带，并达到了很高的水平。跳丸技艺在游戏时，抛接的圆丸数量越多，难度就越大。一般来说，到五丸之数时，要想增加一丸，非有二三年功夫不可。游戏时，银丸从手中有规律地连续抛接，就像喷射的泉水一般，如果是多人集体表演的相互抛接，更是银光闪闪，恍若流星行空，满台飞舞，令人目不暇接，既扣人心弦且气氛热烈。由于跳丸所具有的独特的技巧和艺术性，现今已成为杂技演出中盛行不衰的节目。

扩展阅读　大禹事功

禹在先秦文献中又称"夏禹（《国语·郑语》）""伯禹（《国语·周语下》）""崇禹（《逸周书·世俘解》）""大禹（《战国策·齐策》）"等。关于禹的出生地，相传在夏族发祥地豫西、晋南一带，但汉晋时亦有禹生于四川石纽、长于西羌的传说，石纽即今四川北川县。此外，还有禹生于会稽（今浙江绍兴）的说法。种种传说，都有其历史背景，难以定论。大禹是中

国历史上大名鼎鼎的英雄人物，相传其事迹就有大禹治水、征战三苗、涂山之盟和禹铸九鼎等，兹分述如下：

有关大禹及其治水的历史，见诸于先秦文献的就有《尚书》中的《尧典》《皋陶谟》《禹贡》《洪范》《立政》《吕刑》等，《诗经》中的《大雅·文王有声》《大雅·韩奕》《小雅·信南山》和《商颂·殷武》《长发》等；《左传》《周语》《鲁语上》《郑语》等；诸子中《论语》《孟子·滕文公上下》和《告子下》《墨子·兼爱中》《荀子》《庄子》《管子》《吕氏春秋》等也多有记载。西周中、后期遂公盨铭文，春秋时期秦公簋和齐叔夷镈、钟铭文也都记载了禹之事迹，对于这些文献记录，我们不能轻易怀疑它的历史价值。

相传，在尧作华夏部落联盟领袖的时候，发生过一次延续时间很长的特大洪水。滔滔的洪水咆哮着四处横流，田地被淹没，庄稼被冲毁，房屋倒塌，牲畜死亡。洪水泛滥，逼得人们逃上高丘或山上去找洞穴避难。居住在平原地区的人民，不少人就在大树上搭起木架巢居。洪水时涨时退，人们根本无法耕种。这就是《孟子》书中所说的："当尧之时，天下犹未平，洪水横流，泛滥于天下。草木畅茂，禽兽繁殖，五谷不登，禽兽逼人，兽蹄鸟迹之道交于中国。"这里所谓的中国，并不是如后来指统一后的全中国，而是战国时期的人们认为中原地区处于四方之中，把它叫中国。

相传有一个黄帝族的后裔，名鲧，号若阳。其祖先由西北方戎人居住地区，迁到伊水和洛水流域（今河南西部）定居。尧时鲧为夏部落酋长，尧封他于崇（今河南登封嵩山附近），为崇伯，赐姓姒，故又称为崇伯鲧。鲧是一个很能干的人，为人有些恃才自负，与其他氏族酋长们关系处得不好，因此常被其他氏族、部落酋长们指责，说他品德不好。在以尧为首的部落联盟里，他也是其中的成员。

尧为滔滔洪水漫患了中原地区，影响人们的生活而万分心急。于是在一次联盟议事会上，向到会的各氏族、部落酋长们说："如今洪水滔天，为患很大，已快淹到山顶，百姓们很担心，这样下去怎么能生活，你们想想有谁能来治理洪水？"酋长们都说："鲧可以治理。"尧说："鲧这个人很自负，不大听教命，容易把事情办坏，不可以用！"四岳说："如今没有比鲧能干的人了，不妨让鲧试试。"尧说："既然如此，就让鲧试试吧。"尧执行了大家的决定，命鲧去负责治理洪水。

鲧接受了尧的任命以后，就采用从前共工治水的"堕高埋庳"的办法。而当年共工是"欲壅防百川，堕高埋庳，以害天下"。意思就是要防治泛滥的流水，将高的地方铲低，把低的地方填高，也即是用土把水填堵起来。但这是一个失败的方法。鲧认为共工之所以失败是因填堵得太低，未能阻住流水。因此他继续采用这种筑堤围堵的方法，来使洪水归流。

但是，鲧用筑堤围堵的方法，不但没有把洪水堵住，反而使被堤围堵的水越积越多，最后把堤冲溃，大水更加横流泛滥。鲧虽然也辛辛苦苦地奔波了九年，修筑了许多大大小小的堤防，但是堵了东边西边溃堤，围了南边北边泛滥，始终没有把洪水治服。这时期华夏部落联盟的首领尧，由于年老而让位给舜。舜见鲧治水九年，不但未成功，反而使人民不能安居而继续遭受损失，就在部落联盟议事会上指责鲧"治水无状""违背了天帝的命令，危害了同族"，于是将鲧流放到羽山（今江苏赣榆县西南），后来又将他诛杀。

舜主持的议事会商量治水问题，人们又一致举荐禹领导治水。禹是鲧的儿子，从小跟先人治水，积累了许多实践经验，也深知鲧失败的教训。禹为人勤劳、俭朴，又很谦虚。他再三推荐贤者以自代，大家还是把这项重任

委托给了他。

禹遂毅然奉命，不敢稍有懈怠。他背着干粮袋，拿着工具，勘察山川地势，足迹遍及九州。禹在亲自调查研究的基础上改变了各氏族部落分散治水的办法，动员九州的力量统一划分治水区域，并把边界上的大树剥掉皮，刻上标记，以作标志。禹借鉴鲧治水失败的经验教训，就改用"疏导"的方针，先导大河之水入于湖海，再导沟壑之水入于大河。禹用了13年的时间，终于把洪水驯服，治理得地平天升了。

这就是家喻户晓的"大禹治水"的故事。这个古老的故事告诉我们，浩浩荡荡的洪水给先民们造成了灾难，人们在同灾难的斗争中增长着才干，密切了联系。洪水被战胜了，由于各部落在治水过程中密切合作，使氏族部落之间的狭窄界限也在同洪水斗争中被突破了。这种在同自然斗争中引起的组织形式的变革，不久就反映到社会政治生活中来了。

禹为中华民族做出了不可磨灭的贡献，因而受到人们的崇拜，因此关于他的神话传说也很多。

关于禹的出生有一个美丽的传说。据说鲧偷窃了天帝的宝物"息壤"以治洪水，天帝发怒，命火神祝融把鲧杀死在羽郊。鲧死了三年尸体都不腐烂，有人用刀剖开他的肚子，里面就出来禹，而鲧自己则变化成一头黄熊（一说黄龙）隐入山中。

禹忙于治水，到了30岁还没有结婚。这时来了一只九尾白狐，变化成一个叫涂山氏的美丽姑娘，向禹唱歌表示爱情，禹就和她结了婚。可是禹婚后仍然忙于治水，很少回家，涂山姑娘想念禹，去治水工地找他，却正好看见禹变成一头熊在挖山洞。涂山氏觉得嫁了熊很羞耻，回头就跑。禹在后面追，匆忙间也忘了变回人形。涂山氏见是一头熊追来，就变成了一块石头。禹对着石头大声说:"还我儿子来!"石头就裂开了口生出一个小孩,所以小孩的名字就叫启。

此外,还传说他得到了许多神灵的帮助,如有黄龙替他曳尾疏导河川,有鱼身人脸的河精送给他河图帮助他治水,又有蛇身人面的神送给他长一尺二寸的玉简来量度天地,平定水土等等。同时,禹在治水过程中也杀死了一些水怪、山妖、木魅等危害人类的妖怪,他还曾擒杀水妖无支祁。